ZAKKURI BUSINESS ADMINISTRATION

KOICHI NAKAGAWA

JN017803

ザックリ
けい　えい　がく
経営学

やさしいビジネススクール学長
中川功一
なか　がわ　こう　いち

CROSSMEDIA PUBLISHING

言葉がわかれば、
100のキーワ
「現代ビジネス

「すり合わせる」という、日本独特の表現があります。

人と人の間で、会社と会社の間で、部品と部品の間で。それぞれの都合を
よくよく吟味し、双方にとって望ましい形に着地できるように、時間をか
けて相談しながら、ものごとを取り決めることを指す言葉です。
それは、欧米流の「交渉」（ネゴシエーション）ともまた異なったものです。
相手の人柄や気持ちの部分もよく汲んで、お互いの納得を、時間をかけて
醸成するのです。

言葉を学ぶとは、こういうことです。
私たちは、言葉を通じて、この世界で起こっていることを理解するのです。
「すり合わせる」という言葉がなければ、私たちは日本社会に固有のもの
ごとの調整方法を認識できません。欧米から借りた「交渉」という概念を
当てはまり悪く使っていても、日本社会の特徴は見えてこないのです。

世界が広がる。
ードでめぐる
の基礎教養」

いま、そこで、何が起こっているのか。

語彙の広がりは、世界を見る目の深まりです。

そんな意図から、本書では現代ビジネスを理解するためのキーワードを100個、取り揃えてみました。皆さんは、これらの言葉を学んだとき、いまの産業社会がどう動いているのか、よりよく見えてくることでしょう。

そして、本書を起点に、さらに多くの言葉に興味をもち、学びを進めていただければ。そんな願いを込めて、リスキリング（学び直し）時代のためのよきステップに、本書を、ビジネスの語彙を広げていく起点にしてもらえたらと思っています。

中川功一

ザックリ経営学 ｜ 目次
ZAKKURI BUSINESS ADMINISTRATION | Contents

2章 マーケティング

3章 組織・管理

4章 イノベーション

5章 ビジネスモデル

6章 組織行動論

7章　ロジカルシンキング

8章　時事

ブックデザイン
金澤浩二

メインフォーマット
田中正人

DTP
小林祐司、荒好見

イラスト
平松慶、三重野愛梨

執筆協力
北村耕太郎

校正
株式会社　RUHIA

1章
経営戦略

ABOUT

会社経営における基本方針です。事業の強みをどこに据えるか？ 自社の課題点は？ どういう市場を狙う？ 競合とどう戦う？ などが該当します。また、利益追求と社会貢献とを、どうやってバランスし、社会と調和を図るかも、経営戦略で考えるべきことです。

chapter 1

Strategic Management

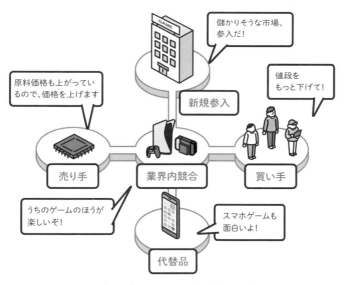

ポーターの5要因分析

利益を圧迫している要因はなに？

ミッション・ヴィジョン・パーパス

Mission, Vision and Purpose

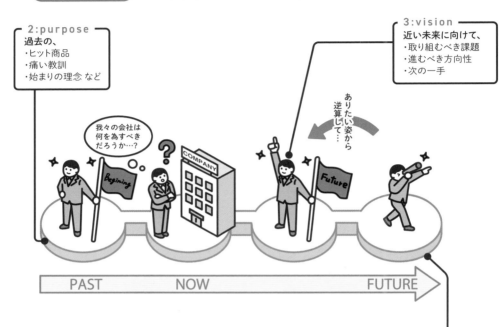

2:purpose
過去の、
・ヒット商品
・痛い教訓
・始まりの理念 など

3:vision
近い未来に向けて、
・取り組むべき課題
・進むべき方向性
・次の一手

ありたい姿から逆算して…

我々の会社は何を為すべきだろうか…?

1:mission
長期的に見て、
・描く未来
・あるべき姿
・自らと社会のあり方

PAST　　　NOW　　　FUTURE

CONCEPT

◉ミッションは、企業が実現しようとしている【遠い先の未来図】。社会における、果たすべき使命。

◉ヴィジョンは、【少しだけ先の、具体的で実現可能な未来像】。企業が今から目指す方向性。

◉パーパスは、原点に立ち返って、【自分達が何のために働いているのか】。

◉3つ合わせて「MVP」とも呼ばれる。

POINT

企業あるいは事業部門としての基本方針を策定するとき、具体的な戦略・戦術に先立って、一番最初に考えるべきもの。

関連ワード

◉CSR/CSV

◉事業ドメイン

WHAT IS?

◉企業の方針「経営戦略」のうち、最初に考えるべきことが、「自分たちは何者なのか、何を為すべきなのか」です。なぜ考える必要があるかというと、①詳細な戦略計画立案のための基本的方向性となるものであり、②組織の末端まで一貫した方針を与えるものであり、③顧客・取引先・株主などステークホルダー、ひいては社内のメンバーに、自分達が何者なのかを理解してもらうためのものだからです。

◉「自分たちは何を為すべきか」を定義する概念は3つあります。第1のミッション（Mission）とは「長期目線で、どういう未来を実現したいか」です。第2のパーパス（Purpose）とは「原点（過去）にある自分たちの目的」です。第3のヴィジョン（Vision）は、「少し先（1〜3年先）の未来に、何を成し遂げていたいか」です。

◉実現すべき未来と、自社の原点とを繋ぐように、戦略は描かれます。ですから、まずはミッション・パーパスを確認し、そこから詳細精緻なヴィジョンへと落とし込んでいく順序となります。

CASE STUDY

資生堂 | VISION 2020

◉日本を代表する美の総合メーカー・資生堂は、1872年の創業以来、一貫して美に関わる事業を手掛けつつ、特に女性の社会進出や権利向上に取り組みながら、成長してきました。

◉しかし、同社をめぐる競争状況は近年とても難しくなっていました。安価な衛生用品・化粧品分野では新興企業の台頭が著しくなっており、高級品市場でもロレアルなど有力欧米企業との直接競合が過熱していたのです。

◉そこで同社は、自社のこれまでの歩みと、そして今後の社会変化をよく分析したうえで、資生堂VISION2020を策定、大きな変革に乗り出します。廉価な日用品分野から撤退し、資源をラグジュアリー分野に集中させます。そして、「アジア発の美」を提案するという独自の存在を目指したのです。主軸は化粧品に置きつつも、VRや再生医療などにも積極的に乗り出し、美にまつわる総合メーカーへと変貌を遂げています。細かな数値目標や具体的手段にまでブレイクダウンされたその精緻なヴィジョンが、同社の変革を推進したのです。

1-02 事業ドメイン

Business Domain

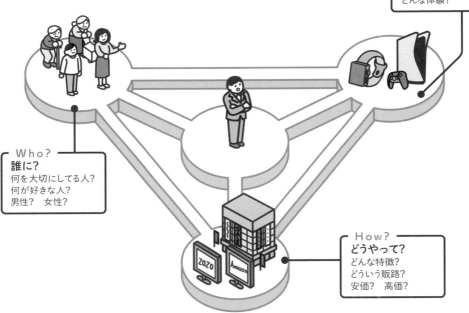

What?
何を？
どんな商品？
どんなサービス？
どんな体験？

Who?
誰に？
何を大切にしてる人？
何が好きな人？
男性？　女性？

How?
どうやって？
どんな特徴？
どういう販路？
安価？　高価？

CONCEPT

◉実際的な事業の現状の定義。事業の基本コンセプト。

◉Who（誰に）、What（何を）、How（どのように）。顧客、製品、技術の3面から、自社事業を定義する。

POINT

ヴィジョンと具体的戦略の橋渡しをするためのもの。ヴィジョンを端的な事業のかたちとして表現する。

関連ワード

◉ミッション・ヴィジョン・パーパス
◉アンゾフのマトリックス
◉STP

WHAT IS?

◉結局のところ、自社は何をしている会社なのか。その端的な定義が事業ドメインです。ヴィジョンでは壮大な展望を描くことになりますし、それを土台として作られる戦略もまた詳細な計画になります。そんな中で、ブレない自社の軸を明確にするため、またヴィジョンと戦略をつなぐために、シンプルな表現で描かれるものです。

Who：顧客は誰か。誰のために、我々は存在しているのか。

What：何を。社会に、いかなる価値を提供している会社なのか。

How：どのように。提供の具体的方法。自社の個性が出る部分。

◉ How、すなわち「どのように提供するか」の選択の幅が広く、ここをどう定義するかが、自社の形、やるべきことを決定づけます。ファストフードのマクドナルドであれば（ハンバーガーを）「スピーディに、安価に、気軽に、安心に」でしょうし、カシオであれば（腕時計を）「極限の環境でも信頼できる技術力で」、成城石井なら（食品を）「厳選された品々を、生活の彩りに」でしょう。会社の経営の特徴が出るのがHow の問いなのです。

CASE STUDY

カシオ　Gショック／プロトレック

◉カシオの経営は、ブレることなく一貫した事業ドメインのもとで行われています。

◉アウトドア好き、あるいはガジェット好きな、主として中年男性に（Who）、頑丈で多機能なデジタル時計を（What）、極限の環境でも信頼できる技術力で（How）提供しています。

◉この事業ドメインが明確であるからこそ、どういう技術開発をすればよいか、どういうものづくりをすればよいか、どうブランディングすればよいか、どう営業・販売すればよいか、各部門のメンバーが迷うことなく行動できるのです。事業ドメインに沿って戦略が立てられることで、一貫した方針で全社的に動いていくことができ、技術から営業まで一貫した価値づくりが行われ、顧客の高い支持を得ることができています。

アンゾフのマトリックス

Ansoff Matrix

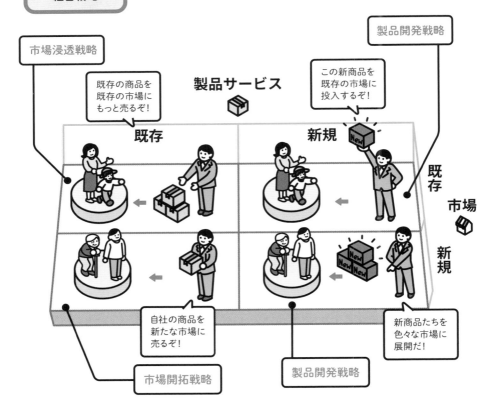

市場浸透戦略

製品開発戦略

既存の商品を既存の市場にもっと売るぞ！

製品サービス

この新商品を既存の市場に投入するぞ！

既存

新規

既存

市場

新規

自社の商品を新たな市場に売るぞ！

新商品たちを色々な市場に展開だ！

市場開拓戦略

製品開発戦略

CONCEPT

● 企業の次なる成長の方向性を描く手法。
● 新規市場か既存市場か、新規製品か既存製品か、の2軸4分類。
● 既存製品×既存市場を「市場浸透戦略」
既存製品×新規市場は「市場開拓戦略」
新規製品×既存市場は「製品開発戦略」
新規製品×新規市場は「多角化戦略」
と呼ばれる。

POINT

これから先の展望として、成長戦略を描く際によく当てはまる。自社の現状に照らして、的確な方向を設定する。

関連ワード

● プロダクト・ポートフォリオ・マネジメント

WHAT IS?

◉ 1960年代、経営戦略論の創始者のひとりとして知られる、経営学者であり経営者でもあったイゴール・アンゾフの提唱した手法。企業成長のための、次なる一歩を模索するときに使えます。

◉ 結局のところ、会社の売上成長の方法は、新たな製品・サービスを提供するか、新たな市場に進出するか、はたまた既存市場でのシェアや販売単価を伸ばしていくほかはありません。今の自社の事業状況を踏まえ、そのいずれが求められているのかをまず考えます。

◉ ただし、ここで言う新製品・サービスとは、既存の製品・サービスとは根本的に異なるものを指します。改良・修正・新モデルなどは「既存製品の範疇」と考えます。

◉ これらの4種類の成長方針を具体的に実現するための手段が、新製品・サービスを生み出すためのイノベーション、新市場に進出するためのマーケティング、そして既存事業での収益を改善するためのビジネスモデルなどです。また、外部の企業を買収するM&Aも、アンゾフのマトリックスに沿った成長戦略を描くためのひとつの方法になります。

CASE STUDY

キッコーマン　北米での成功

◉ 日本で独自の発達を遂げた醤油は、和食を代表する調味料です。その最大手であるキッコーマンの成長戦略は、和食文化ではない北米を開拓していくという驚くべきものでした。

◉ キッコーマンは早くも1957年には北米に進出します。当初は苦戦しましたが、ステーキを劇的に美味しくする調味料として「Delicious on Meat」のキャッチフレーズと共に大ヒットし、今ではアメリカの世帯の半数以上に常備されるようになっています。

◉ 醤油が和食固有のもので、かつキッコーマンが国内に販売チャネルを構築していたことを考えれば、日本市場を狙った市場浸透戦略や、製品開発戦略がまず浮かびます。キッコーマンはもちろんそうした戦略も実行しているのですが、大きな挑戦となる市場開拓戦略をも同時に実行したからこそ、現在の同社の世界的な地位があるのです。

プロダクト・ポートフォリオ・マネジメント

Product Portfolio Management

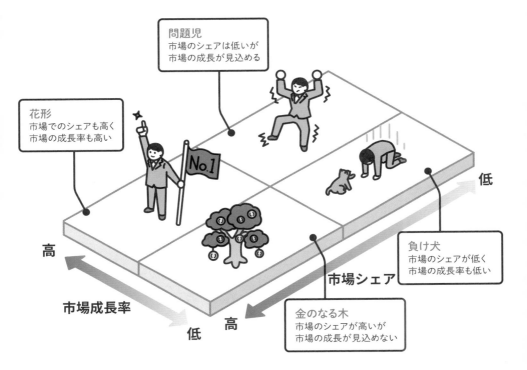

問題児
市場のシェアは低いが
市場の成長が見込める

花形
市場でのシェアも高く
市場の成長率も高い

低

負け犬
市場のシェアが低く
市場の成長率も低い

市場シェア

高

市場成長率

低　高

金のなる木
市場のシェアが高いが
市場の成長が見込めない

CONCEPT

●複数の事業分野をもつ企業が、全社の方針を立てるときに使う。

●各事業（プロダクト）を、市場シェアと市場成長率で分類する。

●シェア・成長率ともに高い事業は会社の「花形」。成長率は高いがシェアは低い事業は「問題児」。シェアは高いが成長率は低い事業は「金のなる木」。シェアも成長率も低い事業は「負け犬」。

POINT

どの事業をこれから伸ばしていくか、どの事業から撤退するかを考える際に用いる。重点領域を絞り込む際の、取捨選択の手法。

関連ワード

●アンゾフのマトリックス

●規模の経済・範囲の経済

●両利きの経営

WHAT IS?

◉大きな企業ともなれば様々な事業を多角的に営むのは自然なこと。そうした多角化企業の基本的戦略方針を立てるための手法です。

◉基本発想は、金のなる木で稼ぎ、問題児を育てて、花形にするというものです。負け犬事業は撤退させます。このように限られた経営資源を、どこにどう振り向けるのかを考える際に使います。

◉厳密には横軸は "相対" 市場シェアです。シェア20％といっても、業界最大のライバルが30％シェアなのか、10％シェアなのかで話は大きく変わってきます。ライバルとの相対的な比較のうえで「圧倒的1位」であれば相対市場シェアを高いと評価し、「大きく離されて下位」であれば相対市場シェアを低いとみます。

◉ただし、「花形」「負け犬」といった用語は、あくまで、理論を覚える際だけにしましょう。この事業は「金のなる木」だとか、この事業は「負け犬」だね、といった表現が、現場によい影響を与えることはほとんどありません。「シェアも低くて成長性もないなら撤退も視野に入れる」、「成長性が非常に高いが、まだシェアが小さいので積極的に育てる」といった、理論の骨子部分を頭に入れてください。

CASE STUDY

富士フイルム　衰退産業からの脱出

◉富士フイルムは、2000年頃から事業の一大転換を成し遂げた会社として知られています。もともとは社名通り、カメラ用フィルムを生産していましたが、デジタルカメラの登場から存亡の危機に立たされます。

◉同社は、急激に市場成長率が鈍化していくフィルム事業（金のなる木）からの収益をベースに、フィルムや精密加工技術を活かした新事業を模索し、オフィス用複合機を次なる主力製品に育てます（花形）。またフィルム技術を活かした化粧品や医薬品にも進出し、次なる主力に育てようとしています（問題児）。一方で、デジカメの普及と共に急速に市場が小さくなっていたフィルムカメラ事業からは早々に撤退しています（負け犬）。

◉この難局を乗り越えた同社の古森重隆社長（当時）は、21世紀の日本を代表する経営者のひとりに数えられます。

SWOT 分析

SWOT Analysis

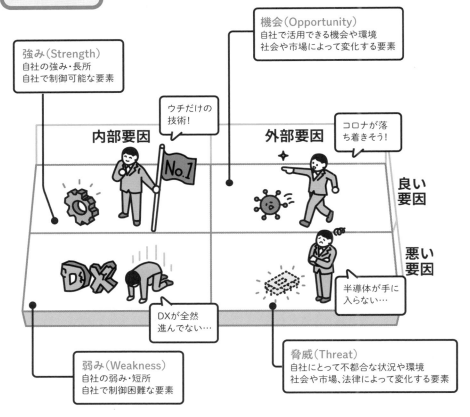

機会（Opportunity）
自社で活用できる機会や環境
社会や市場によって変化する要素

強み（Strength）
自社の強み・長所
自社で制御可能な要素

ウチだけの技術！

コロナが落ち着きそう！

内部要因

外部要因

No.1

良い要因

悪い要因

DX

半導体が手に入らない…

DXが全然進んでない…

弱み（Weakness）
自社の弱み・短所
自社で制御困難な要素

脅威（Threat）
自社にとって不都合な状況や環境
社会や市場、法律によって変化する要素

CONCEPT

◉企業が置かれている状況を、内部要因か外部要因か、良い要因か悪い要因かという2軸4象限に整理する。

◉内部の良い要因＝強み（Strength）、内部の悪い要因＝弱み（Weakness）、外部の良い要因＝機会（Oppotunity）、外部の悪い要因＝脅威（Threat）。この4語の頭文字を並べて、SWOT（スウォット）と呼ぶ。

POINT

偏りのない客観的・中立的な視座から企業の今を捉えるための方法。論理的思考の基礎でもある。

関連ワード

◉ポーターの5要因分析
◉バリューチェーン分析
◉VRIOフレームワーク

WHAT IS?

◉経営戦略を立てる際の分析をするときの基本的手法です。バランスよく、内側・外側の要因と、良い・悪い要因それぞれに目配せをして、偏りなく現状を客観的に見るために用います。

◉カジュアルに使えることが魅力の手法です。自分一人で、グループで。今置かれている現状をパッと確認するうえで非常に便利な方法として知られます。

◉これは良い要因なのか悪い要因なのか、内側か外側かといった分類を正確に行うことに気を配る必要はあまりありません。大切なのは分類を上手く行うことではなく、そこから戦略を立てることです。その意味で、表をきれいにまとめることよりも、表に書き出されたものを土台に、いま何をすべきかを考えることに重点を置くと効果が上がりやすいです。

◉ SWOT からいっそう分析を深めていこうと思うならば、内部分析をより深められるバリューチェーン分析や VRIO フレームワーク、外部分析を深めるためのポーターの 5 要因分析などをまず行うと良いでしょう。その結果を SWOT に再び落とし込むことで、精緻な分析が可能となります。

CASE STUDY

アサヒスーパードライ　ビール産業での大逆転

◉ 1980 年代まで長らく日本ではキリンビールが圧倒的首位でした。そこを切り崩したのが、1987 年から登場したアサヒスーパードライです。この成功によりアサヒビールは 1998 年に歴史的な首位逆転を実現します。

◉アサヒビールは、他社にない強み（S）として純度の高いドライビール技術を確立していました。一方、ブランド力や酒屋への流通チャネルが弱い（W）という弱点を抱えていました。外を見れば、スーパー・コンビニなどの新しい流通が登場してきており（O）、一方で若者のビール離れという問題も生じていました（T）。

◉こうした状況分析を踏まえ、アサヒスーパードライは、旧来のオジサンが飲む苦い飲料というイメージを刷新し、若者向けに「キレ」を強調した味で、スーパー・コンビニを中心に販売していく戦略を採用し、弱点を克服、強みを生かした戦い方で成功を収めたのです。

ポーターの
一般戦略分析
Porter's Generic Strategy

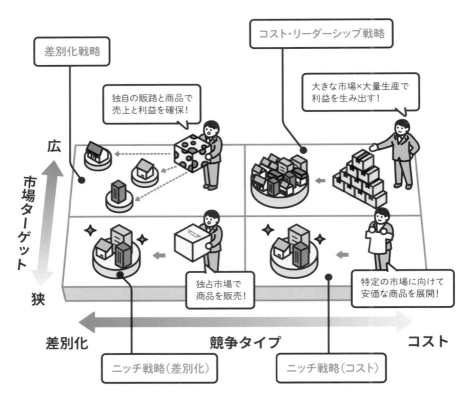

差別化戦略

コスト・リーダーシップ戦略

独自の販路と商品で
売上と利益を確保！

大きな市場×大量生産で
利益を生み出す！

広

市場ターゲット

狭

独占市場で
商品を販売！

特定の市場に向けて
安価な商品を展開！

差別化　　　競争タイプ　　　コスト

ニッチ戦略（差別化）

ニッチ戦略（コスト）

CONCEPT

●利益の源泉は、高い利幅で販売できるか、コストで相手に秀でるか、しかない。前者を実現するには差別化、後者を実現するには、コスト競争力でリーダーとなること。
●市場を確保する手段も大きく2つ。大きな市場でシェアを取るか、ニッチを寡占するか。この2軸で4分類する、市場での位置取りの基本分析方法。

POINT

どういう狙いの位置取りかが不明瞭だと収益を上げにくい。自社の位置取りを明確にすること。

関連ワード

●ポーターの5要因分析
●バリューチェーン分析
●ブランディング

WHAT IS?

◉自社と競合が、どう争っているのか、その競争状況をとらえるための基本フレームワークです。経営戦略論の大家マイケル・ポーター教授による分析手法のひとつで、ポーターによる手法は他に5要因分析や、バリューチェーン分析などがあります。

◉競合に勝る利益の源泉は、高い価格かコストでの優越性のどちらかしかありません。そして、相手に勝る市場の支配は、大きい市場で他社よりもシェアを取るか、小さいすき間市場（ニッチ）を押さえるか、しかありません。

◉競合と自社との位置取りを描き出したうえで、「この産業における狙い目はどこか」を考えます。より儲かりやすい位置取りがあり、そこを自社が狙えそうなら、製品戦略を改め、実行に移します。

◉もし今の自分の位置取りがもっとも魅力的であるなら、そこに他社が入れないように死守します。技術優位性や、流通の確保、生産能力の増強、ブランドの確立など、様々な移動障壁をつくり、自社の地位を盤石にします。

CASE STUDY

ナイキ　スポーツアパレルという独自地位

◉スポーツ用品とアパレルには、かつては明確な線引きがありました。スポーツ用品として靴やジャージ、シャツを販売していたとしても、消費者も競合他社もそれはファッション品とは全く違うものだと考えていたのです。

◉ナイキはスポーツウェアをファッションアイテムにするという革新を成し遂げました。1980年代からバスケットボールブームに乗って、当時のスーパースター、マイケル・ジョーダンとタイアップした「エアマックス」が大ヒット。スポーツウェアが流行の最先端となりました。もはやナイキはスポーツブランドではなく、ファッションブランドとして消費者に認知されるようになったのです。

◉その後も、ブランド力・技術力を高め、一般的なアパレルとは一線を画す「差別化ニッチ」の地位を確立します。現代では世界中で年間4兆円近い売上高を上げ、世界でも有力なアパレルブランドとなっています。

ポーターの5要因分析

Porter's 5-Force Framework

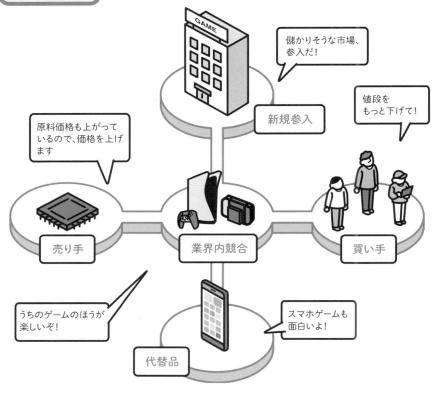

CONCEPT

◉競合企業だけでなく、より幅広く産業の大構造をみて、なぜ利益が減っているのか／なぜ利益が多いのか、その原因を突き止めるための分析手法。

◉まず、自社と同じ市場を奪い合っている要因が3つ。競合企業、新規参入、代替品である。

◉次に、自社が販売した製品の生み出す利益を奪い合っている要因が2つ。買い手と、売り手である。

POINT

5つをまんべんなくみるというより、自社の利益を奪っている問題がどこにあるかを特定するのに向く。

関連ワード

◉SWOT分析

◉ポーターの一般戦略分析

◉SPA、垂直統合

WHAT IS?

◉経済学的に考えると、自社と利益を奪い合っている対象は大きく5つ（しかありません）。この5つのうちから、一番最初に手を打つべき、利益に打撃を与えている要因は何かを特定する際に力を発揮します。

◉まずは市場の奪い合い構造をみます。いま競争している競合企業のほか、他産業ながら市場を奪っている代替品や、これから参入の可能性がある新規参入のリスクを分析します。

◉次に、自社の得るべき利益を取り合っている構造をみます。たとえば8000円でセーターを販売したとして、原材料費に2000円かかっているなら、原材料の「売り手」が自分たちの利益を2000円分圧迫していると考えます。また、客はそのセーターに1万円の価値を感じていたとするなら、本来1万円でも販売できたのに8000円で売っているから顧客が2000円分の利益を奪っているといえます。顧客や取引業者との取引価格の見直しも大切ということです。

◉これら5つの要因の中で、一番深刻な問題こそが、経営戦略として意識を集中するべき問題です。大きな構造で捉えて、何が本当の問題か？　を分析します。

CASE STUDY

任天堂　Switch

◉2010年代、ゲーム業界を恐るべき波が襲いました。スマートフォンの隆盛により、スマホアプリに顧客が一気に流れたのです。ゲーム業界の雄、任天堂も大変な苦境に陥りました。

◉当時任天堂が市場で直接競合しているのはソニー（SIE）のプレイステーションでした。しかし、ここで取るべき戦略は「ソニーを倒す」ことではありませんでした。代替品であるスマートフォンアプリから、市場を取り戻さなければならなかったのです。

◉任天堂が下した決断は「携帯機と据置機の一本化」。携帯機はもはやスマートフォンに勝てません。しかし、テレビで遊ぶ据置機に逃げたのでは、市場をまるごとスマートフォンに明け渡してしまいます。こうして、携帯機でも据置機でもない、独自のハード「Switch」が誕生しました。

◉任天堂は、これまで育ててきた自社の有力なIP（知的財産）を総動員して、スマートフォンでは味わえないゲーム性で顧客を呼び戻しました。マリオ、ポケモン、どうぶつの森、ゼルダなど…戦略は功を奏し、2010年代後半から任天堂は大きく業績を回復しています。

PEST 分析

PEST Analysis

税金は増える?
規制は変わる?
法律は改正する?

経済格差は広がる?
消費の鈍化?
半導体不足?

P：Policy
（政治・政策・法律）

E：Economy
（経済状況消費動向）

PEST分析によって
社会全体の動向が
掴めるようになる

サステナブル?
健康志向?
LGBT?

S：Society
（社会・文化・トレンド）

T：Technology
（業界の技術進歩）

AIの進化?
VR?サブスク?
クラウド化?

CONCEPT

◉企業の外部状況分析のうちで、もっとも外側の大構造（マクロ構造）を分析するもの
◉Policy（政治・政策・法律・制度など）、Economy（国内経済・世界経済・消費動向・生産動向・投資動向など）、Society（社会・文化・トレンド・社会課題など）、Technology（業界内の技術動向、産業界全体の技術動向）の4つの視点で自社をとりまく社会情勢を整理する。

POINT

今どうなっているかも大切だが、「これからどうなるか」という予測の視座も欠かせない。

関連ワード

◉SWOT分析
◉エフェクチュエーション
◉VUCA

WHAT IS?

◉直接競合しているライバルや、顧客の市場トレンドのみならず、もっと大きな社会構造も、企業経営の方針を立てるうえでは大切となります。PEST分析は、その際に役立つ手法。今後、どのように社会が変わっていくのかという大局的な視座をもつことを狙った手法です。

◉ Policyでは、自社産業に関する規制がどう変わるのかや、国際政治情勢の影響などに目を光らせます。Economyでは、どのようなことに金が流れているのかや、景気が今後どうなるのかを検討します。Societyでは、どういったことが自社産業で社会的課題となるかなどが大切になります。Technologyでは、今後利用可能になる技術に注目します。

◉戦略を構想する場合のPESTは、現状把握よりも未来予測において力を発揮しますが、単に「予測する」という態度だけでなく、未来をこのように変えていく、という自社からの働きかけで未来を創る姿勢も大切になります。

CASE STUDY

ライザップ　2か月50万円の超高級サービスが成功した理由

◉ライザップの成功はまさに大きな社会変動をとらえたものだったと言えます。ライザップが躍進した2000年代は、健康保険料の増大など、政府が健康分野について自己責任の割合を高めた時期でした（Policy）。他方で、アイドルが全盛となり、kawaiiなどの言葉も生まれるなど、外観的魅力に興味関心が向くようになり（Society）、国民全体の美容・健康に対する意識が高まった時代でした。

◉他方で、経済情勢をみると、格差社会がキーワードとなるなど、経済力に大きな差が生じるようになり始めました。それはつまり、国民の中に一定割合は莫大な所得をもつ人が顕れているということでもありました（Economy）。

◉インターネットの時代となり、人々はオンラインで何でも無料で楽しむようになりました。そんな中で、人が情緒的・肉体的に行うサービスがむしろ価値の高いものとなったのです（Technology）。こうした時代背景からすれば、パーソナルトレーニングで美容にコミットするライザップの成功は、ある意味必然であったともいえます。

1-09 バリューチェーン分析

経営戦略

Value Chain Analysis

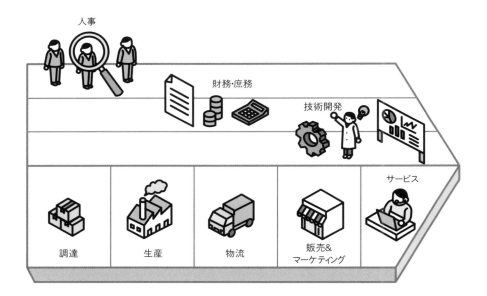

CONCEPT

◉企業の内部の事業活動を要素ごとに切り分け、強み・弱みをチェックするための手段。

◉価値創造を担う「主活動」（調達、生産、物流、販売・マーケティング、サービス）と、それを支える「支援活動」（財務&全般管理、人事、技術開発）に分けられる。

POINT

安定して高い成果を上げられる会社は、すべての内部活動が手を抜かずに育てられている会社。

関連ワード

◉SWOT分析
◉VRIOフレームワーク
◉ラインとスタッフ

WHAT IS?

●経営戦略の、長年の実証研究で明らかになっているのは、企業が長期にわたって反映するためには、内部資源が育っていることが大切だということです。

●内部資源を分析するための第1の手法が、戦略論者マイケル・ポーターによるバリューチェーン分析です。顧客に価値が届くまでの流れを、主活動と支援活動のフローとして書き出します。

●「内部資源がよく育っている」という観点からは、自社の弱点を見つけることこそが肝要です。自社のどこに問題があり、早期に手を打つべきかを検討します。もちろん、強みがどこにあるのかを知る上でも有用です。

●左図は製造業企業を想定した、あくまで一例です。実際の企業の形は千差万別なので、自社のかたちに合わせたバリューチェーンをまず描いたうえで、それぞれの活動の強み・弱みを分析していきます。

CASE STUDY

トヨタ自動車
実力を磨くことに組織が集中している、カイゼンの鬼

●自動車は総合力が要求される産業です。3万点からなる部品のすべての品質にこだわり、それらをすりあわせて性能よく、壊れにくく、安全なクルマをつくります。マーケティングやディーラー組織の競争力も求められるし、環境配慮なども大切になります。

●トヨタ自動車がこの産業で長らくリーディングカンパニーであることに不思議はありません。同社のものづくりが、積み上げられたカイゼンの産物であることは周知の事実ですが、マーケティング、ディーラー網、スタッフ部門に至るまで、徹底的に能力構築活動が行われています。

●内部の実力を磨くためには、現場こそが大切になります。トップの立てる高度な戦略で成功を収めたとしても、現場の力がついてこなければ、製品やサービスの質、価格でジリ貧になってしまいます。トップの戦略構想と、現場の実力強化、その両輪が大切なのです。

1-10 VRIO フレームワーク

VRIO Framework

資源	Value 価値	Rareness 希少性	Imitability 模倣可能性	Organized 組織化
ものづくり	中国を中心とした低コスト生産拠点・システム（○）	近年、他者もコスト競争力を高めつつある（△）	追いつかれ、抜かれる可能性高い（×）	自社の事業の中核としてフル活用（○）
マーケティング	自社製品の魅力を伝える工夫ができている（○）	よりマーケティングの上手なライバルは多数（×）	既に後塵を拝している（×）	事業にうまく組み込めてない（×）
店舗オペ	独自の店舗設計、安定した運営（○）	独自の仕組みは他にない。（○）	簡単には真似できない（○）	フル活用されている（○）
技術力	新製品の企画力はあるが重要技術は外部に依存（△）	他社は技術はあまりない（◎）	現在の外部パートナーが他社に技術供与するリスク（△）	事業に組み込まれている（○）
管理システム	仕組みを模索中（△）	他社もあまり優れたシステムない（○）	特別、リードできていない（×）	活用できていない（×）
トップ	社長の高い実行力・決断力。（○）	他社に秀でたマネジメント能力（○）	社長の後継に大きなリスク（×）	自社の事業の要である（○）
企業文化	挑戦的で進取的（○）	文化に秀でた他社は少ない（○）	同様の文化を作ることは難しい（○）	もっと活用できる可能性あり（△）

CONCEPT

◉ 内部資源を「評価する軸」。
◉ Value：価値があるか
　Rareness：希少か
　Imitability：模倣可能性が低いか
　Organized：組織で活用できているか

POINT

評価軸であることから、バリューチェーン分析などと組み合わせることで力を発揮する。

関連ワード

◉ SWOT分析
◉ バリューチェーン分析
◉ SECIモデル

WHAT IS?

◉社内の資源が「強い」とか「競争力がある」とはどういうことでしょう。それを細かく分解し、理論化したものが VRIO です。V: 価値があり、R：希少であり、I: 他社が簡単には追随できず、O: 組織の中にしっかり組み込まれているものが、競争力がある内部資源といえます。

◉この 4 軸で社内の各種要素を評価していきます。ものづくりは VRIO 基準を満たすか、マーケティング能力はどうか、技術力はどうか…と言った調子です。その意味で、バリューチェーン分析など、社内の要素を分解できる手法との相性がよいのです。

◉左図はある会社に対して実行した一例です。単に○×で評価するだけでなく、細かくそう評価した理由まで整理していくと、今後の方針が立てやすくなります。

◉いかに価値があり、希少で、他社の追随を許さない資源でも、社内で他の資源と組み合わせて上手に使わなければ競争力に結び付きません。大谷翔平のような素晴らしい野球選手でも、チームの一員として組み込めなければ、その能力を最大限には引き出せないのです。

村田製作所
製品技術・ものづくり力を活かす複合部品の提案能力

◉セラミックコンデンサなどの電子部品で世界的に高い競争力を誇る村田製作所の成功の鍵は、顧客に対して、複合部品を提案できる能力があったことです。

◉同社の基盤となる強みは、他社の数年先をいく技術力をもちながらも、低コストで極めて安定した品質で生産できる、ブラックボックス化されたその製品技術とものづくりの力です（V、R、I）。

◉そうした強みが生きるのは、それらの部品のカタログ売りをするだけではなく、先端的なメーカーに対して、その企業の課題を解決するような「ソリューションを提供する複合部品」として提案できるからです。この提案能力によって、先端機器で性能や新しい価値提案を争うメーカーから絶大な信頼を得ることで、同社のものづくりの強みは最大限に活かされています（O）。

1-11 CSR/CSV

経営戦略

Corporate Social Responsibility/
Creating Shared Value

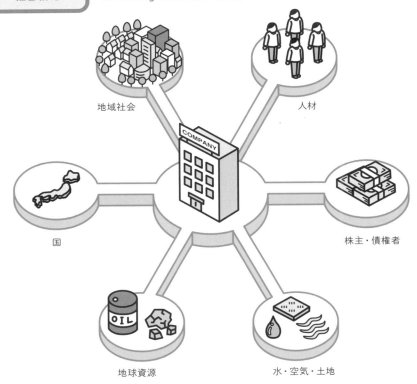

地域社会

人材

国

株主・債権者

地球資源

OIL

水・空気・土地

COMPANY

CONCEPT

●事業を長期的に成功させる最善の方法は社会との共存。

●企業は社会から様々な資源を借りて成立している。社会に対して正しく財・サービス・適切な事業活動で還元していくことが求められる。

●事業活動外での慈善活動も大切だが、事業活動そのものが社会にプラスのものであることが第一。

POINT

ビジョンから、具体的活動まで、一貫して社会とのよい関係を創り込んでいく。

関連ワード

●ビジョン・ミッション・パーパス
●三方良し
●ESG

WHAT IS?

●企業が優れた成果を上げるには、優れた人材、潤沢な資金、優れた部材、よき取引先、顧客との健全な関係、国や自治体との関わり合いも大切です。要するに、経営の成功には、あらゆる関係者（ステークホルダー）との良好な関係が欠かせないのです。

●この事実に気づいた米国の経営学者ピーター・ドラッカーが提唱した概念がCSR（Corporate social responsibility：企業の社会的責任）です。全てのステークホルダーに対して責任ある行動をすべし、ということです。

●日本でも同じ時期、松下幸之助が似たような思想に至り、日本社会に広くその哲学を唱えて回っています。

●しかしその後、CSR活動は「企業のボランティア活動」のようになってしまいました。そうした慈善的な活動も大切ですが、本業の中でこそ責任ある経営が果たされる必要があります。そのため、「事業活動の中でステークホルダーとの共通の価値を追求すべし」と、マイケル・ポーターが改めて定義しなおした言葉が「CSV：Creating shared value」です。本来的には、2つは同じことを意味しています。

CASE STUDY

パタゴニア
社会に良い活動が評価されて成長した会社

●ソーシャルに流れる人々を取り込み、大きな成功を収めたのがパタゴニアです。米国のアウトドアブランドであるパタゴニアは、様々な地球環境問題にフォーカスし、それらを解決するためのビジネス、投資、発信などを積極的に行っています。そのような姿勢が評価され、多くのファンに愛されるブランドへと成長しました。

●創業者のシュイナード自身が有名な登山家であり、自らが愛した自然が失われていく過程を目の当たりにし、本業と慈善活動の両方で環境保全に取り組むことを決めます。例としては1% for the planet：売上の1%を地球環境のために使う、ミニマリズム推進：長く使えるよいものの提供、環境責任・社会責任あるサプライチェーンの構築などです。

●とくに現代は、「社会にとって良いこと」にお金も人材も流れる傾向があります。環境、社会、ガバナンスといったよき経営に資する「ESG投資」には、発足時点で132の金融機関が署名し、2020年2月時点で170にまで拡大。運用資産総額は、一時47兆米ドルにものぼりました。

1-12 M&A

経営戦略

Mergesr and Acquisitions

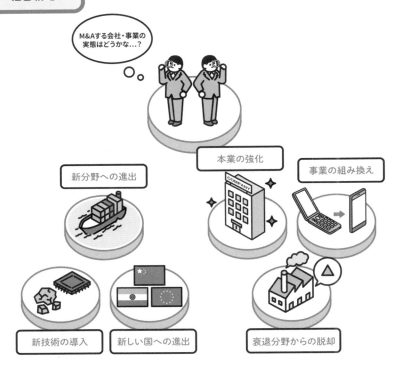

M&Aする会社・事業の
実態はどうかな…?

新分野への進出

本業の強化

事業の組み換え

新技術の導入

新しい国への進出

衰退分野からの脱却

CONCEPT

◉年間売上50億円のヒット商品を創るよりも、年間売上50億円の会社を買収するほうが容易である。企業成長のための重要策のひとつが、合併・買収。

◉Merger（マージャー）が合併を意味する言葉で、Acquisition（アクイジション）が買収を意味する。現在では、ほとんど区別されずに用いられる。

POINT

買収対象が適切か、また買取価格も適正かのチェック：デューデリジェンスが勝負。

関連ワード

◉アンゾフのマトリックス
◉規模の経済、範囲の経済
◉交渉術、win-win

WHAT IS?

◉新しい事業分野に進出するとき、新しい国に進出するとき、新規の技術や組織部門が欲しいときなどに、自前で1からつくるよりも遥かに効率的なのがM&Aです。一時的に大金がかかるように見えますが、自前でも結局大きな金額がかかりますし、何よりも時間がかかることから、近年ではM&Aが多用されています。

◉新分野進出以外にも、本業の強化や、衰退分野からの脱却、事業分野の組み換えなどにも使われます。

◉買収の成否はもっぱら買収先の選定で決まります。買収先のチェックのことをデューデリジェンス（Due Diligence）といいます。原語は「正しい注意」の意味。財務状況、事業の実態、法律的な問題の有無、人材や組織などを総合的チェックしたうえで、適正な買収価格を見積もります。

◉買収後の組織統合も大切です。こちらは、PMI：ポスト・マージャー・インテグレーションと呼ばれます。

CASE STUDY

テキサス・インスツルメンツ
買収による事業分野の完全入れ替え

◉半導体産業の黎明期から活躍するテキサス・インスツルメンツ（TI）は、時代の流れをよく読み、次の時代に求められる半導体へのシフトに先駆けることで大きな成功を収めてきました。その際に用いられた手段がM&Aです。

◉1990年代から2000年代半ばまでは、世界的な携帯電話の普及に合わせ、主力商品は携帯電話用DSP（デジタル信号処理半導体）でした。

◉2000年から2011年頃にかけて毎年のように大小の企業買収を続けます。狙いはひとつ、競争が緩やかながら、これからのロボットや産業機器の時代に求められるアナログ半導体分野でトップに立つためです。買収総額は2兆円以上にのぼります。

◉2000年にバーブラウンを76億ドル、2011年にナショナル・セミコンダクターを65億ドルで買収。その間、不要事業の売却も進めました。2012年時点で、アナログ半導体分野では、2位以下に数倍の差をつけた圧倒的首位の地位を固めたのです。

規模の経済、範囲の経済
Economy of Scale, Economy of Scope

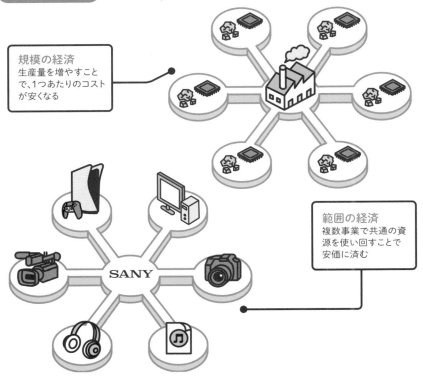

規模の経済
生産量を増やすことで、1つあたりのコストが安くなる

範囲の経済
複数事業で共通の資源を使い回すことで安価に済む

SANY

CONCEPT

●生産量が増えるにつれてコストが安くなることを規模の経済という。生産設備が1億円だとして、それを使って製品を1000個つくったら、1個当たり10万円のコストだが、1万個つくれば、1個当たり1万円のコストになる。

●複数事業で共通の資源を使うことで、安価にその資源を使いまわすことができる。こちらを範囲の経済という。

POINT

ある1時点のみならず、時間軸のなかで生産量を増やしたり多角化をするなどして実現する。

関連ワード

●プロダクト・ポートフォリオ・マネジメント
●ドミナント出店
●OEM

WHAT IS?

◉事業を、一定規模まで育てるべきであることの理論的根拠が規模の経済です。一定量を生産・販売しないことには、採算ベースに乗ってきません。逆に、たくさん売れれば、おのずと儲かりやすくなってきます。規模の経済が発生することを前提として、どれくらいの事業規模を目指していくのか、それを達成するためにどうするのかを発想していきます。

◉規模の経済がある単一事業の中での議論なら、範囲の経済は、どれくらいの多様な事業を抱えるべきか、の判断基準になります。たとえばブランド名や、共通に使える営業基盤、店舗網などを持っているなら、それを使っていくつもの事業を運営した方が効率が良くなります。多角化戦略を考えるときの判断基準のひとつが、範囲の経済が発生するかどうかです。

◉別の見方をすれば、売れ行きが伸びても、いつまで経っても1品当たりのコストが下がらない製品・サービスであれば、わざわざ拡大する理由はありません。また、共通資源の使いまわしがきかず、範囲の経済が発生しない場合には、多角化のメリットは少ないのです。規模の経済、範囲の経済が出るような事業の形にしていくことが大切となります。

CASE STUDY

リクルート

◉「ゼクシィ」「HotPepper Beauty」「R25」「カーセンサー」「スタサプ」など実に様々な新規事業を生み出し続けてきたリクルートですが、このような事業が実現できるのは、「共通資源」を使いまわせているからです。

◉リクルートには非常に強い営業組織があり、新しい事業の種が生まれればこの営業組織の力によって成長を加速させることができます。また、新規事業創造のためのノウハウも一式整っており、新事業創出プログラム「Ring」のなかでそれは活用されています。

◉新しいものを生み出し、世に送り出していくために使える共通資源が整備されているからこそ、他社よりも高い確率で、様々な新規事業を生み出していけるのです。

2章
マーケティング

ABOUT

マーケティングとは、必要な人に、製品とサービスが届くような仕組みを作ること。市場や競合を分析し、それに合わせた製品・サービス・価格・販路・宣伝方法などを組み立てていく活動です。

chapter **2**

Marketing

【ミネラルウォーターの例】

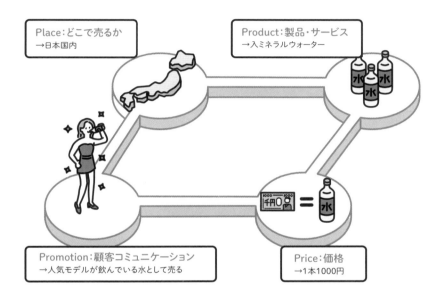

4P

どこで、何を、いくらで、どうやって売る？

STP

Segmentation, Targeting, Positioning

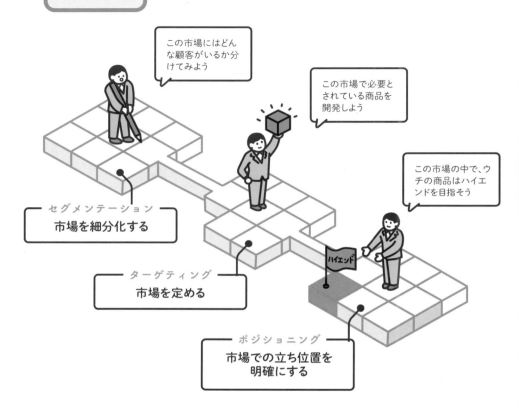

> この市場にはどんな顧客がいるか分けてみよう

> この市場で必要とされている商品を開発しよう

> この市場の中で、ウチの商品はハイエンドを目指そう

セグメンテーション
市場を細分化する

ターゲティング
市場を定める

ハイエンド

ポジショニング
市場での立ち位置を明確にする

CONCEPT

◉マーケティングの基本。市場を知り、狙いを定め、そこでの戦い方を決める。

S（セグメンテーション）市場の細分化

T（ターゲティング）狙う市場の決定

P（ポジショニング）立ち位置の決定

◉マーケティングの父、フィリップ・コトラー教授が提唱した概念。

POINT

マーケティングの基本ステップであり、まずは忠実にこれに従う。

関連ワード

◉事業ドメイン

◉3C分析

◉ペルソナ分析

WHAT IS?

◉マーケティングとはニーズを抱えている人に、適切な製品・サービスの存在を知らしめ、買ってもらえるまでの流れをつくる仕事です。無理やりいらないものを売りつけたりすることではありません。供給者と需要者を円滑にマッチングするための仕組みをつくることです。

◉その基本は、市場を正しく理解することにあります。どのように顧客が分布しているのか、様々な軸で市場を細分類します。これをセグメンテーション（細分化）といい、一つひとつの市場をセグメントといいます。

◉どのセグメントを狙うかがターゲティングです。一つを狙ってもいいし、複数を狙ってもいいです。必要としている人に、必要なものを届けるための鍵はこのターゲティングにあり、ここがズレると供給者も需要者も不幸になります。

◉狙うセグメントが決まれば、その中で自社がどういう立ち位置を取るのかを決めます。他社と同じことをやっていても、市場がうまく取れないばかりか、「同じようなものが2つある」状態となってしまい、社会的にも非効率的です。自社の特徴を明確にし、他社と差をつける必要があります。

CASE STUDY

サイゼリヤ　激安の、本格派イタリアン

◉かつてはハレの日に贅沢をしに行く場であったファミリーレストランでしたが、その普及につれて、1990年代には、特にハレの日でなくとも皆がレストランを使うようになりました。そうした新しいセグメントの登場をいち早く捉えて成功したのがサイゼリヤです。

◉競合他社が高級路線を取る中、需要があるのは低価格帯であると判断し、メニューを徹底的に安く提供しました。折からの不況の中、1990年代後半に出店ラッシュをかけました。

◉ただし、同社の成功は単に「伸びるセグメントを早期に発見できていた」だけにとどまりません。同社は本場イタリアの味を再現するばかりか、実際にバイヤーがイタリアから買い付けてきたワインなどの食材を提供するなどの徹底ぶりで、「ただの安い飲食店」とは一線を画します。サイゼリヤは安いのに本格派、というポジショニングが顧客を掴んで離さないのです。

3C分析

Company, Customer, Competitor

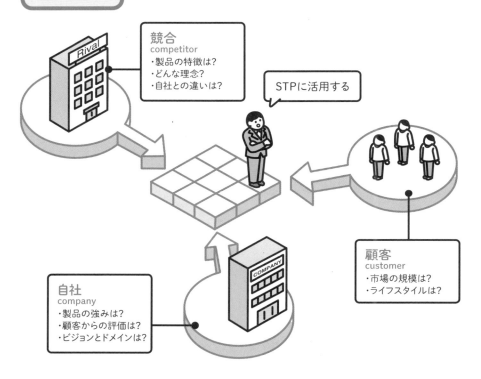

競合
competitor
・製品の特徴は?
・どんな理念?
・自社との違いは?

STPに活用する

顧客
customer
・市場の規模は?
・ライフスタイルは?

自社
company
・製品の強みは?
・顧客からの評価は?
・ビジョンとドメインは?

CONCEPT

◉Company：自社、Customer：顧客、Competitor：競合の3つを分析せよ、という考え方。

◉日本の著名コンサルタント・企業家の大前研一氏が提唱。

◉STPを実践するための基本インプット情報が、3Cである。

POINT

ヴィジョンと具体的戦略の橋渡しをするためのもの。ヴィジョンを端的な事業のかたちとして表現する。

関連ワード

◉STP

◉ペルソナ分析

◉ミッション・ヴィジョン・パーパス

WHAT IS?

◉マーケティングの基本ステップ STP を進めていくための基本的な知的インプットとして必要となるものが、自社、顧客、そして競合に関する情報です。顧客情報をもとにセグメンテーションを行い、自社や競合の特徴をもとにターゲティング・ポジショニングを決めます。

◉自社分析では、自社の製品の特長や技術的な強み、顧客からの評価などを明らかにするのみならず、そもそも自社のビジョンや事業ドメインは何なのか、という確認も行います。ビジョンから外れた製品を出しても、後から戦略の一貫性を維持することが難しくなります。

◉顧客については、市場規模などの数量的な情報のほか、顧客のライフスタイルなどの定性的な情報も、ペルソナ分析などを用いて明らかにします。

◉競合については、製品の特長や、掲げる理念などを整理していきます。そうして競合の特徴を理解することで、自社がどう違いを作っていくか、マーケティングの方針を定めやすくなります。

CASE STUDY

大塚製薬　ポカリスエット

◉製薬企業ながら、消費者むけ飲料でも大きな成功を収めている大塚製薬。商品はご存じ、ポカリスエット。1980 年に発売しました。

◉コカ・コーラやサントリー、キリン、アサヒといった大手飲料メーカーが多数存在する中で、当初「飲む点滴」という異色のキャッチコピーを付けられたスポーツ飲料という独自の商品として発売されました。

◉製薬企業であるという自社の独自性（Company）と、缶コーヒーや炭酸飲料、茶系飲料、飲料水と幅広く手掛ける大手飲料メーカー（Competitor）との違いを明確に、大塚製薬は実質的に飲料分野はポカリスエット 1 本に絞りました。

◉運動によって水分・塩分・糖分を消費するのは、もっぱら中高生（Customer）です。そうした顧客の特徴を捉え、体だけでなく、心も潤すドリンクとして、中高生を応援するような CM やキャンペーンを展開し、若い世代の心をつかみました。

2-03 ペルソナ分析

Persona Analysis

【高級時計のターゲット顧客は?】

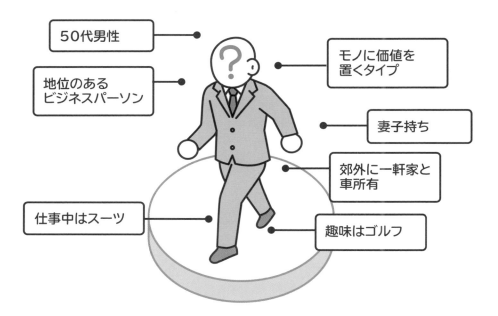

- 50代男性
- 地位のある ビジネスパーソン
- モノに価値を 置くタイプ
- 妻子持ち
- 郊外に一軒家と 車所有
- 仕事中はスーツ
- 趣味はゴルフ

CONCEPT

◉具体的な顧客像を描き、それに合わせたマーケティング策を考えるための手法。

◉ペルソナ（Persona）とは、人格、登場人物などの意味。「架空だけども、具体的な人物像」を描くものとして、この言葉が使われる。

◉セグメントだけでは顧客イメージが浮かんでこないため、セグメントからより解像度を上げるために使う

POINT

直観的に作成してもよいが、可能ならばデータで裏付けをとる。

関連ワード

◉4P

◉STP

◉3C分析

WHAT IS?

◉どういう製品を、どういう価格で、どんな流通チャネルで売るか。どんな広告をどういう媒体に出していくべきか。そうした具体的マーケティング策（4P）を立てていくうえで、具体的な顧客イメージは非常に助けになります。

◉特定の人物像を、詳細に設定していきます。高級時計ユーザーであれば、50代男性、安定した高い地位にあるお金持ちで、社会的成功者で、妻子持ち、一軒家に住み、モノに価値を置く人物で、趣味はゴルフ、など。

◉可能であれば、データで裏付けをとります。ですが、営業部門、販売部門の意見を聞いてペルソナを作るだけでも、それなりに妥当な顧客像が描けます。

◉必ずそこからマーケティング策まで立てるのが定石です。ペルソナ分析は策を立てるためのインプットであり、単独としてはほとんど意味をもちません。高級時計の例で言えば、男性的な見栄えの商品とし、価格はあえて100万円台、職人の技術でつくったことを売りにして、プロゴルフ大会に広告を出す、などの具体案まで出すことで、ペルソナ分析は生きてきます。

CASE STUDY

カモ井加工紙　マスキングテープのヒット

◉マスキングテープは、もともと、塗装箇所以外を汚さないようにするための保護用テープでした。はがすことを念頭に置いているため、粘着力が弱いことが特徴で、仮留めなどにも用いられていました。

◉マスキングテープ大手のカモ井加工紙は、2007年、3人の女性に会いました。彼女たちはマスキングテープでアートワークなどをしていたクリエーターたちでした。彼女たちの話をよくよく聞き、マスキングテープが、おしゃれ文具・雑貨としての可能性があることを見出しました。

◉カモ井は、彼女たちに話を聞きながら、「雑貨好きで、自らもクリエイティブを行う女性」のペルソナを理解していきました。そうして、新ブランド「mt」の制定から、製品ライン、販売価格、流通チャネルまで、このペルソナに刺さるようにマーケティング策を定めていったのです。

◉今ではマスキングテープは定番のおしゃれ文具となっており、その中心にはカモ井がいます。他のマスキングテープメーカーに先んじられたのは、一つには偶然的なクリエーター女性たちとの出会いであり、もう一つは新しい顧客像をそこからしっかり描くことができたことでしょう。

4P

Product, Price, Place, Promotion

【ミネラルウォーターの例】

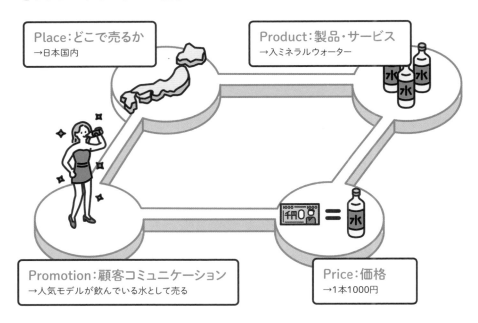

Place：どこで売るか
→日本国内

Product：製品・サービス
→入ミネラルウォーター

Promotion：顧客コミュニケーション
→人気モデルが飲んでいる水として売る

Price：価格
→1本1000円

CONCEPT

- マーケティングの具体的戦術の基本構成要素の4つ。
- Product（製品）
  Price（価格）
  Place（販売チャネル）
  Promotion（顧客コミュニケーション）
- 4Pのほか、マーケティング・ミックスとも呼ばれる。

POINT

煎じ詰めれば、企業が顧客に提案できるものは、この4種類しかない。

関連ワード

- ペルソナ分析
- STP
- カスタマージャーニー

WHAT IS?

● STPが終わり、どういう市場に、どういう立ち位置で商品・サービスを出していくかを決めた次のステップが、具体的なマーケティング策の設定です。どういう製品を、どんな価格で、どういう販路で売るか。そしてどういう顧客コミュニケーションをするかを決めます。

● ターゲティング・ポジショニングに合致するように選択することが第一で、4つのPがちぐはぐにならないようにすることがその次に大切です。

● ただし、マーケティング実務の中では、4Pのすべてがマーケティング責任者の自由になることは多くありません。場合によってはPromotionだけが自由になる、ということもあるでしょう。配られたカードで勝負する必要があります。4Pのうち、自分が操作できるのは何かを理解し、そこに集中するという姿勢が大切なのです。

● Promotion（顧客コミュニケーション）は、大きく分けて3つの要素からなります。（1）どういうメッセージを、（2）どういう媒体で発信するか、（3）どういう顧客インタラクションを行うか、の3つです。

CASE STUDY

モスバーガー　圧倒的王者のいる業界での住み分け戦略

● ハンバーガー業界は、比較にならないほどの圧倒的トップシェアにマクドナルドが君臨していました。そんな中で、マクドナルドの牙城を崩すことに成功した数少ない企業がモスバーガーです。

● マクドナルドの隆盛とともに、日本で生まれてきた「ちょっと違ったバーガー、高級バーガーが食べたい」というニーズを捉えたのがモスバーガーです。高級志向、素材にこだわる自然派という新機軸を打ち出し、価格もマクドナルドよりも遥かに高い値付けをしました。

● 出店方針も大きく異なります。マクドナルドが駅前や国道沿いの一等地を狙うなかで、モスバーガーは一本入った路地裏を狙いました。土地代が安く済むだけでなく、落ち着いた高級路線の店というブランディングも可能になるためです。

● ファストフードでありながら、店頭では、しっかり作る、レジでもよく会話をするという「スロー」な体験を提供。各種媒体での宣伝も控え目にし、口コミで質の良さ、体験の良さを広げていく手法で、ハンバーガー業界で独自の地位を得ました。

経験価値
Experiential Value

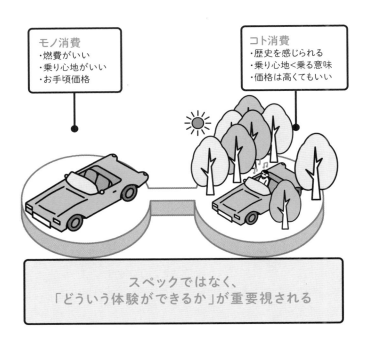

モノ消費
・燃費がいい
・乗り心地がいい
・お手頃価格

コト消費
・歴史を感じられる
・乗り心地＜乗る意味
・価格は高くてもいい

スペックではなく、
「どういう体験ができるか」が重要視される

CONCEPT

◉消費という行為の本質は、モノを所有することではなく、モノを通じで得られる体験にあるという考え方。

◉決して近年になって、人間がモノよりもコト（経験）が好きになったわけではない。消費ということの本質は、モノでもサービスでも、それを通じて得られる私たちの体験であるのは昔から変わらない。

POINT

性能を高めるのではなく、総合的にどういう経験を提供するのかをデザインする。

関連ワード

◉4P

◉ブランディング

◉カスタマーリテンション

WHAT IS?

◉会社として提供しているものは、製品でありサービスであるわけですが、これはあくまで企業側の見方です。顧客側からみれば、提供されているものは、製品・サービスを通じて得られる経験や心の動きです。

◉だとすれば、顧客に真に価値を提供し、顧客満足度を高めるためには、経験全体を作り込むことが必要になります。もちろん製品・サービスの性能・品質を高めることは大切ですが、結局は顧客はそれを経験として受け取ることを忘れてはいけません。

◉経験を作り込むという意味では、製品・サービスそのものだけではなく、付帯的なサービスや周辺的な経験も肝心になります。たとえば、自動車から得られる経験価値は、CMを見て、カタログを手に取るところから始まり、ディーラーでの試乗や説明で高まり、購入後のカーライフの中で日々蓄積されていき、最後には手放す瞬間まで経験価値の一部となります。

CASE STUDY

東京ディズニーリゾート　経験を総合的に作り込む

◉経験のすべてが顧客にとっての価値になる。この点に世界的にも早く気がつき、総合的に経験を作り込むことで成功を収めたのが東京ディズニーリゾートです。

◉家族や友達と行くことを決め、現地での計画を練るところからすでに経験は始まっているのです。その経験を良いものとするため、ガイドブックやウェブサイトにも手を抜きません。移動の道も、オープンを待つ時間も、演出します。現地ではもちろん楽しいし、帰りのお土産も充実させます。持ち帰って、お土産を渡して、思い出話をする時間も楽しい時間とするのです。

◉東京ディズニーリゾートは、きわめてリピート率が高いことを特徴としています。それは、顧客がその経験のどこをとっても楽しかったという高い満足度を感じているからこそ。どの瞬間も手を抜かない徹底した作り込みで、成果を上げているのです。

2-06
マーケティング

プロスペクト理論
Prospect Theory

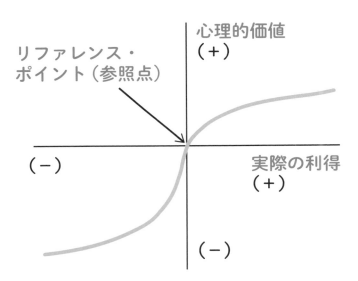

リファレンス・
ポイント（参照点）

心理的価値
（＋）

（−）

実際の利得
（＋）

（−）

CONCEPT

◉価格に関する心理学として、現時点の決
定版のひとつとされている理論。

◉大きくは2つの発見からなる。第1は、
私たちは製品・サービスを買うとき、だい
たいこのくらいだろう、という価格感（参
照点：リファレンスポイント）をもつ。

◉第2は、そのリファレンスポイントと実
際の利得とがプラスにズレてもあまり心理
的価値は増えないが、マイナスにズレると
大きく心理的価値を下げるということ。

POINT

製品・サービスの価格を設定するとき
には、顧客の参照点がどのあたりなの
かを踏まえて設定する。

関連ワード

◉ブランディング
◉ラグジュアリー戦略
◉行動経済学、ナッジ

WHAT IS?

●飲食店に入るとき、あなたはその価格帯や、味・経験としての価値を予測するはずです。その予想よりも上回れば、いい店だと感じ、予測を下回れば落胆します。予想通りだとしても、そんなに価値を感じません。このことを理論化したものがプロスペクト理論です。私たちは、モノやサービスの価値を経験的に予測し、そことの一致やズレによって、満足したり不満を感じたりしている、という理論になります。

●これは価格設定において力を発揮します。第一にやるべきことは、顧客の参照点を知ることです。顧客は、類似の製品・サービスについて、どのくらいが相場と見積もっているかを調べます。そして、自社の製品・サービスが、それに比べて顧客にどれだけ違う価値を提供できているかを考え、「この値段でこんな価値!」や、「さすがに高級品だけはある、素晴らしい価値だ」をデザインします。

●ノーベル経済学賞に輝き、その後「行動経済学」分野を生み出した記念碑的研究業績でもあります。経済行動に、私たちの心がどう作用しているのかを解明しようとした嚆矢の研究成果です。

CASE STUDY

ダイソン　驚きの高価格戦略

●日系メーカーをはじめ世界の家電メーカーは、顧客が掃除機に求めているものは省エネと静音性であり、かつコストダウンによって価格競争力を磨いていく…というアプローチを採用していました。ダイソンは、誰もがその戦略を採用する中で、ひたすら吸引力にこだわった製品で成功した企業です。

●ダイソンの成功の秘訣のひとつが価格戦略。掃除機が一般に1万円を切るような価格で売られている中で、3万円、5万円といった驚きの高価格に設定したのです。顧客の参照点からかけ離れた価格帯にすることで、○○よりちょっと安い・高いといった比較をされることがなくなり、「こんなに高いのだから、圧倒的によい品なのだろう」と、価格設定を通じてブランディングに成功したのです。

●ダイソンは見た目も工業機械のようにして、従来のソフトな色合いの掃除機との違いを強調しました。フラッグシップショップや、家電量販店の中でも特設ブースを設置するなど、その価格設定を軸としたマーケティング戦略で、消費者にその値段とともに受け入れられたのです。

カスタマージャーニー
Customer Journey

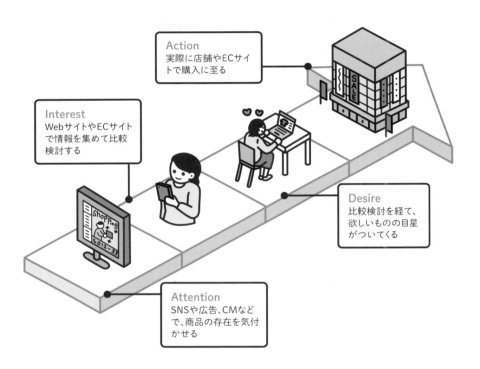

Action
実際に店舗やECサイトで購入に至る

Interest
WebサイトやECサイトで情報を集めて比較検討する

Desire
比較検討を経て、欲しいものの目星がついてくる

Attention
SNSや広告、CMなどで、商品の存在を気付かせる

CONCEPT

◉顧客が、製品を認知し、興味をもち、購買に至るまでに辿る道のことをカスタマージャーニーという。

◉様々な書き方があるが、消費者心理学の基本理論AIDAモデル（Attention：気がつく、Interest：興味をもつ、Desire：欲しくなる、Action：購入する）に沿ったモデルをここでは掲載した。

POINT

知ってもらうのと、好きになってもらうのでは、使う媒体もメッセージの質も異なる。

関連ワード

◉4P
◉ペルソナ分析
◉カスタマーリテンション

WHAT IS?

● 4P のうちの Place：販売チャネルと Promotion：顧客コミュニケーションは、今日では切り離せないものとして一体運用します。その典型がカスタマージャーニー。どう知ってもらい、どう好きになってもらって、最終的にどこで購買させるかまでをデザインする手法です。

● 認知を獲得するための方法と、興味や欲求を高めるための方法は違うということが鍵です。認知度を上げるのは広告や SNS で良いですが、興味・欲求を高めるうえでは、もう少し密なコミュニケーションができる媒体に誘導する必要があります。

● カスタマージャーニーを描き出し、そこでの顧客の行動や感情を分析し、課題を検討し、解決案を出す…という左図のような分析を特にカスタマージャーニーマップと呼びます。精緻にカスタマージャーニーを磨きぬくときに用います。

● 顧客のペルソナがきちんと描かれていることが大切です。具体的な顧客イメージが描ければ、その顧客が普段どういう媒体を使っているのか、どういうところで買うのか…ということが見えてくるのです。

CASE STUDY

講談社・諫山創　進撃の巨人

● 圧倒的な力をもつ巨人に対して、人類が、絶望的な状況のなかで決死の挑戦をする——進撃の巨人はそんな「王道の少年漫画」でありつつ、ショッキングな表現と、魅力的なキャラクターたちで、誰もを惹きつけるような特徴を備えていました。広告や SNS でも、そうした王道的な特徴が強調され、幅広い認知を得ることに成功しました（A）。しかし、ストーリーが進むと、話は思いがけない方向へと進んでいきます。幾重にも張り巡らされた伏線、舞台装置をひっくり返すような展開が続きます。そうした「謎かけ」を、本誌や各種記事として仕掛けていき、「あの漫画は単なる王道ものじゃない」と話題をつくります（I・D）。ブログや動画サイトで考察が行われるようになります。

● こうして「あの漫画は何か凄いらしい」という感情が潜在顧客の中で育ってきたタイミングで、新刊を大々的に書店店頭に並べたり、コミックアプリ「マガポケ」で既刊分を無料公開するなどして、丁寧に購買につなげました（A）。

● 鬼滅の刃なども同様です。近年の漫画作品は、十分な Attention と、そこから Interest をかきたてるような 2 段構えの構成を土台に、それを広告戦略＝カスタマージャーニーに落とし込むことで、ヒットを生み出しています。

カスタマーリテンション
Customer Retention

【Uber Eatsの例】

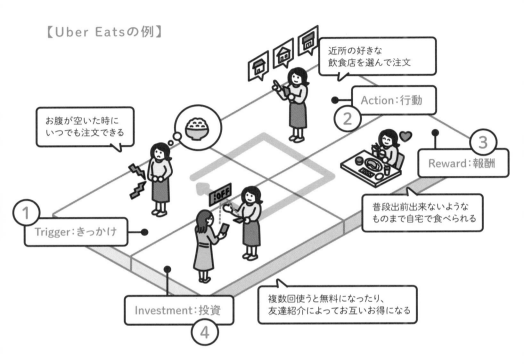

お腹が空いた時に
いつでも注文できる

近所の好きな
飲食店を選んで注文

Action：行動

Reward：報酬

普段出前出来ないような
ものまで自宅で食べられる

Trigger：きっかけ

1

2

3

Investment：投資

4

複数回使うと無料になったり、
友達紹介によってお互いお得になる

CONCEPT

◉顧客に自社製品・サービスの利用を継続してもらうことをカスタマーリテンションという。

◉顧客が製品を使うきっかけ「トリガー」を与える。その後に顧客が行う「アクション」を、価値があり不快感のないものにデザインする。アクションに対して「リワード」を与え、さらに顧客がその製品・サービスへの関与を深めてもらうための投資「インベストメント」をしてもらう。このサイクルはフックモデルと呼ばれる。

POINT

顧客に長く使ってもらってこそ、商品・サービスの真価が発揮されるのだから、顧客に貢献するためにもカスタマーリテンションが大切になる。

関連ワード

◉カスタマージャーニー
◉顧客生涯価値（LTV）
◉サブスクリプション

WHAT IS?

◉継続課金（サブスクリプション）型のサービスはもとより、製品売り切り型の事業であっても、顧客が自社製品を継続購買・継続使用してくれるかが事業の成功を左右します。現代では、購買後こそを丁寧にデザインしなければいけません。

◉カスタマーリテンション率は、事実上、顧客満足度そのものを示すバロメーターです。企業がもっとも重視しなければいけない値です。

◉トリガー、アクション、リワード、インベストメントのサイクルからなるフックモデル（フックドモデルとも）が、カスタマーリテンションの基本的考え方です。釣り針（フック）のような形になっていること、また「うまく針にかかってもらう」ことからこの名前になっています。人間の行動はどう習慣化されるか、という行動科学の理論に基づいたモデルです。

◉カスタマージャーニーは購買するまでの手法、購買後はこちらのカスタマーリテンションが該当する手法となります、両方を組み合わせることで顧客へのマーケティングの形ができあがります。

CASE STUDY

ツイッター

◉ SNS は、継続利用してくれるかどうかが事業の根幹をなします。ツイッターは、継続させるための仕掛けがよく練られた、我々へのヒントに溢れる事例です。

◉ Twitter は実に容易に、アプリを開かせます。短文であるため、一切の負担感なく、ちょっとした移動中や、休憩時間に確認できます（トリガー）。アクションも容易です。思ったことを一言呟けばよいのです（アクション）。それに対し、誰もが気軽に「いいね」や「リプ」「リツイート」をしてくれます（リワード）。そんな中で馴染みのアカウントができていき、仲間たちの輪をつくっていきます（インベストメント）。

◉使用継続、習慣化させるための特徴を一通り備えている非常に優れたアプリです。その中毒性は、自社のビジネスの参考にできる部分を積極的に模倣・応用すべきでしょう。

オムニチャネル

Omni-Channel

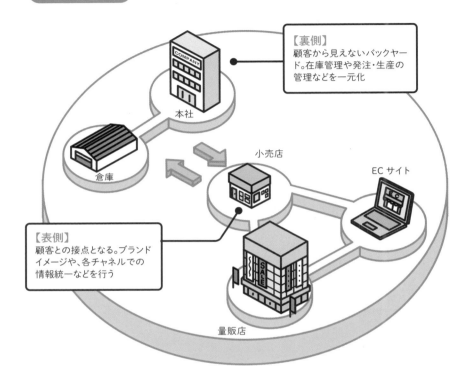

【裏側】
顧客から見えないバックヤード。在庫管理や発注・生産の管理などを一元化

本社

倉庫

小売店

EC サイト

【表側】
顧客との接点となる。ブランドイメージや、各チャネルでの情報統一などを行う

量販店

CONCEPT

◉Omniとは、ラテン語で「すべての」を意味する言葉。

◉「すべての販売チャネル」を意味するのがオムニチャネル。ばらばらに運用するのではなく、統合的に一体運用をしましょう、という考え方。

◉顧客から見える部分を統合する表側の一体運用と、顧客から見えないバックヤード、裏側の一体運用の2つに分けられる。

POINT

手を付けやすいところから順次進めていけばOK。

関連ワード

◉4P
◉ブランディング
◉DX

WHAT IS?

●現代では製造業もサービス業も、複数のチャネルを有しているのが一般的です。特にDXが進んでいる現在では、eコマースが登場したり、顧客への直販モデルが確立されるなどして、チャネルごとに、扱っている品目、価格、商流などがばらばらになります。これを、一元管理することで効率性やブランドイメージの統一化を図ろうとするものです。

●表側では、主として情報面の一元管理が求められます。自社のブランドイメージや、各商品の紹介や説明事項などを揃えていくことで、顧客がどんなチャネルで自社に接しても、受ける印象が違わないようにします。また、店舗からeコマースへ、eコマースから店舗へと相互連携も行います。

●裏側のチャネル一体運用としては、在庫や物流の仕組みを一本化したり、その先にある発注先／生産元との連携を行います。販売チャネルごとにばらばらの在庫になっていたり、発注の仕組みになっていると、自社も非効率だし、発注先にも負担がかかります。総じて、競争力を落とす原因となります。

CASE STUDY

ユニクロ

●国内アパレルの雄はオムニチャネル化でも、日本の産業界でもリーダー的地位にあります。表側の一体運用としては、共通のブランドコンセプトから店舗とウェブサイトをデザインしており、リアル店舗とウェブサイトで受ける印象は全く変わりません。商品情報なども完全に統一されています。

●ウェブサイトで情報を見て、クーポンを取得して、店頭で実物を確認して買う…というような、オンラインと実店舗の連携も実現しています。

●ユニクロでは、店舗とオンラインで在庫も一元管理されており、非効率な運用を防いでいるほか、店頭にはあるがネットにはない、あるいはその逆といったことが発生しなくなっており、販売機会のロスを防ぐことにも成功しています。

ブランディング

Branding

【iPhoneの例】

持っているだけで
オシャレ

有名人が
使っている

カメラの画質が
いい

ロゴやフォントが
独特

アプリが多くて
便利

CONCEPT

● ブランドとは「焼き印」のことで、19世紀にはすでに商品名とほぼ同義で使われるようになっていた。

● 語源の通りであれば、単に「名前」のことだが、マーケティング分野では「記号を見たときに起こる連想の広がりのこと」を意味する。

POINT

名前や商品を見て、そこから好意的な連想が広がるようにする。

関連ワード

● STP
● 経験価値
● ラグジュアリー戦略

WHAT IS?

●人は、商品や会社の名前、写真、現物を見たときに、そこから自然と様々な連想を広げます。この広がる連想をポジティブなものにしていくことがブランディングです。

●ブランディングの目標は、現在の売上を最大化することではなく、ブランド・エクイティ（ブランドに対して個人が感じている価値）を最大化することです。ブランドについて、人々が好意的なイメージを持っている限り、すぐに購買につながらなくとも、人はいつかどこかで自社と取引をしてくれるはずです。

●顧客コミュニケーションを通じたイメージ戦略が主ではありますが、それだけではありません。単にイメージだけを整えたところで、裏付けとなる性能や実力が伴わなければ、結局ブランド・エクイティを毀損してしまいます。技術や生産から、顧客に好意的に受け止めてもらえるような価値を作り込んでいくことが、ここでは求められているのです。

CASE STUDY

ネスカフェバリスタ・ドルチェグスト

●スターバックスコーヒーをはじめとするカフェブームの中で、ひそかに危機を迎えていたのが「インスタント・コーヒー」でした。カフェで提供されるものが本格派のコーヒー、インスタントは安物と認知されてしまったためです。

●しかし、コーヒーブームは、もともと味よく、品質よく、利便性が高いインスタントコーヒーを、復権させるチャンスでもありました。

●ネスカフェはまずこの旧来のコーヒーを「ソリュブル・コーヒー」と呼び名を変え、新規に開発した、いつでもすぐに、美味しいコーヒーが出せるマシン「ネスカフェバリスタ」や「ドルチェグスト」という新商品とともに発売。1杯1分で、本格派のエスプレッソやカプチーノまで作れる商品です。温度や泡立ち、香りにまでこだわり、さらにはマシンの美観もこだわり抜くことで、"ソリュブル・コーヒー"のイメージを刷新、高級化に成功しました。

ラグジュアリー戦略

Luxury Strategy

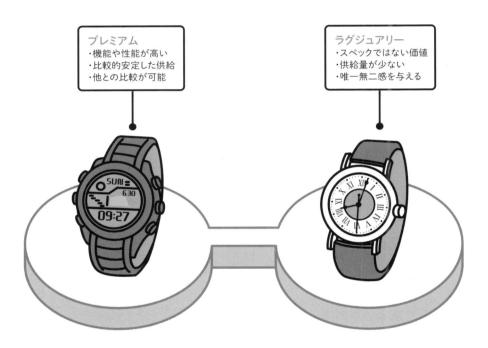

プレミアム
・機能や性能が高い
・比較的安定した供給
・他との比較が可能

ラグジュアリー
・スペックではない価値
・供給量が少ない
・唯一無二感を与える

CONCEPT

◉ 夢、憧れ、意味、伝説、歴史などに対して、人々がつける価格のこと。ブランドマネジメントの、さらにその先に生まれてきた概念。

◉ 従来の経営理論を覆す発見が多く生まれている、新時代のための経営常識

POINT

プレミアム品とラグジュアリーは違う。説明がつかない価格がラグジュアリー。

関連ワード

◉ ブランディング
◉ ミッション・ヴィジョン・パーパス
◉ 経験価値

WHAT IS?

◉ルイ・ヴィトン・モエ・ヘネシー（LVMH）の年間売上高は今や８兆円に上ります。シャネルで２兆円、オメガ等を有するスウォッチグループで１兆円です。ラグジュアリーはすでに世界の標準戦略のひとつになっています。

◉しかし、その内容は従来の経営理論を覆すものでもあります。「需要増加には、対応しない」。供給量を絞ることが、価格の上昇、ブランド価値の増大につながります。「ターゲットではない顧客にプロモーションする」。人々の憧れが価値をつくり、それがターゲット層の購買意欲を刺激します。総じて、入手が困難であり、憧れの存在になるようにプロデュースしていくことで、価値を高めていくのです。

◉他者との比較可能な「プレミアム」とは異なるというのがこの理論の鍵です。プレミアムは、あくまで機能や性能で説明のつく、他との比較のうえでの最上位です。そうした比較の外にある、プライスレスな存在がラグジュアリーなのです。

CASE STUDY

スウォッチグループ

◉日本製のデジタル時計に市場を奪われるなか、スイス時計産業連合として復権を果たすために設立されたのがスウォッチグループです。オメガ、ロンジン、ハミルトン、ブレゲなどのブランドを擁しています。

◉日本企業が機能とコストに磨きをかけ続けていくなかで、スウォッチグループは伝統と工芸を軸に毎年価格を上げていく戦略をとります。初めて月に行った時計オメガ、複雑機構を生み出した天才時計士ブレゲ…と歴史的事実からブランドストーリーを構築し、美麗な機械加工に意味をもたせ、流通量の限られた特別な品として自分たちの機械式時計を生まれ変わらせたのです。

◉その戦略は功を奏し、日本製時計が数量としては世界を席巻するなかでも、スウォッチグループは日本製の100倍近い価格で顧客に製品を届けて、時計産業の雄に返り咲いたのです。

2-12

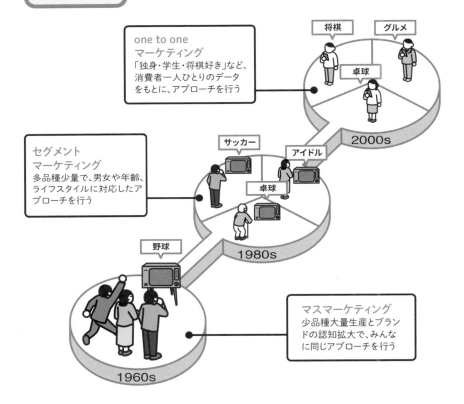

マーケティング

1 to 1 マーケティング

One to One Marketing

one to one
マーケティング
「独身・学生・将棋好き」など、消費者一人ひとりのデータをもとに、アプローチを行う

将棋　グルメ　卓球

2000s

セグメント
マーケティング
多品種少量で、男女や年齢、ライフスタイルに対応したアプローチを行う

サッカー　アイドル　卓球

1980s

野球

マスマーケティング
少品種大量生産とブランドの認知拡大で、みんなに同じアプローチを行う

1960s

CONCEPT

●1to1マーケティングは、企業が顧客一人ひとりに合わせてアプローチする手法。個人の嗜好など膨大な情報が手に入る現代に利用可能になった。

●少品種大量生産が中心だった1960年代には「マス・マーケティング」が、ライフスタイルが多様化した1980年代には、顧客を細分化した「セグメントマーケティング」が効果を発揮していた。

POINT

3つのマーケティング戦略は、扱う商品や求める効果に応じて、今日でも使い分けられる。

関連ワード

●ペルソナ分析

●AI

●DX

WHAT IS?

◉マーケティングは、消費者の嗜好の変化と、技術の進歩によってその基本形態を変えてきました。1960 年代には、テレビやラジオの普及により、その効果を最初に理解し、繰り返しブランド名を訴え続けて消費者の認知を獲得した「マス・マーケティング」が力をもちました。コカ・コーラやマクドナルドはその典型例です。

◉ 1980 年代には、消費者のライフスタイルと嗜好が多様化しました。各セグメントに対応する製品ラインナップを揃え、マーケティング戦術も変えていく「セグメントマーケティング」が有効となりました。多品種少量で多数の品物を揃えた、トヨタ自動車などはその典型です。

◉ 2000 年代からは、IT 技術の発達により、一人ひとりの消費者データの収集が可能になりました。そして、ターゲット層を特定し、そこに対してピンポイントで広告を打てるようになりました。「1to1 マーケティング」の時代の始まりです。

◉今日ではこれら 3 つを、マーケティング戦略の選択肢として、使い分けが可能です。自社の状況に合わせて、組み合わせたりしながら使い分けましょう。

CASE STUDY

サイバーエージェント

◉インターネット広告の可能性に早くに気づいた藤田晋氏が 1998 年に創業。クリック保証型（ユーザーのクリックに対して広告料が発生する形）の広告を導入しました。

◉ TV 広告が「配信する」ことに対して広告料を払うのに対し、インターネット広告は同社のように「潜在顧客がクリックする」ことに対して広告料が支払われます。後者のほうが広告の費用対効果が高いことから、企業の広告出費はインターネット広告に流れていくことになりました。

◉インターネット広告では、ターゲット顧客にクリックされて、購買してもらうことが大切になります。そこで、サイバーエージェントをはじめ各社はいかに広告表示精度を高められるかに腐心してきました。こうして、顧客データを集め、その嗜好に合わせて広告を表示する仕組みが確立されていき、現代の 1to1 マーケティングが形づくられていったのです。

製品ライフサイクル
Product Life Cycle

シェアと認知拡大で競合に負けないぞ！

商品の差別化、顧客のロイヤル化だ！

支出を抑えながら今の顧客に長く使ってもらえるようにしよう…

どんな商品が売れるかな？

売上高

衰退期
自社の支出を抑え、長く利益が確保できる仕組みを構築していく

成熟期
市場での地位は安定し始めるので、顧客のロイヤル化を目指していく

成長期
競合の登場。よい商品とサービスで認知とシェアを拡大していく

導入期
商品開発、ターゲット設定、ビジネスモデルなどの試行錯誤

CONCEPT

●製品ライフサイクルは、商品が市場に投入されてから販売終了するまでのあいだに、導入期・成長期・成熟期・衰退期という4つの段階を経るというフレームワーク。
●各フェーズにより有効なマーケティング戦略が異なる。

POINT

製品のフェーズに合わせてマーケティング戦略を変更することで利益を最大化できる。

関連ワード

●両利きの経営
●プロダクト・ポートフォリオ・マネジメント
●顧客生涯価値（LTV）

WHAT IS?

◉すべての商品がこのライフサイクルに則るわけではありませんが、産業は大きく4フェーズに分かれており、そのフェーズに応じてマーケティング戦術が変わってくるとする製品ライフサイクルの基本発想は有用です。

◉導入期は産業としての「正解探し」です。様々な製品案・ターゲット市場・ビジネスモデルが試され、正解を見つけた企業が成功します。ですから、試行錯誤が大切となります。成長期には競合が現れてきます。よりよい商品・サービス、積極的な認知獲得と普及といった物量勝負になります。成熟期は十分に市場の認知が進んでおり、市場での地位もほぼ安定しています。顧客をロイヤル化するなどの工夫が求められるます。衰退期は、自社の支出をおさえつつ、利益を確保していきます。

◉企業としては、製品ライフサイクルの異なる、複数の製品事業を展開することが鍵です。成熟期・衰退期の製品ばかりでは、未来の展望は描けません。プロダクト・ポートフォリオの発想と組み合わせることで力を発揮するのです。

CASE STUDY

カシオ　電卓

◉G-SHOCK などで知られるカシオですが、かつての花形商品は電卓でした。そしてその電卓は、今でも安定的な売上と利益を稼ぎ出す商品となっています。

◉電卓登場の黎明期は、競争の軸は「かたちの正解」を模索するものでした。大型で高度な演算ができるもの、機能を絞って小型化するものなど様々なアイデアがありましたが、カシオは液晶と半導体の可能性にいち早く気づき、これら当時の最新電子技術を活用して、性能は限定的ながら小型・安価の電卓を生み出し、これが大きな成功につながります。

◉その後の産業成長期にはシャープとの生産能力・技術改善の競争となりますが、2社で切磋琢磨する中で、産業は大きく発展し、シャープとカシオが業界の雄になります。

◉その後、PC や携帯電話が普及するようになると産業は緩やかに衰退期に入り、競合は撤退していきますが、カシオは生産を継続。安定的な残存者利益を得られるポジションを確保しました。

顧客生涯価値（LTV）
Lifetime Value

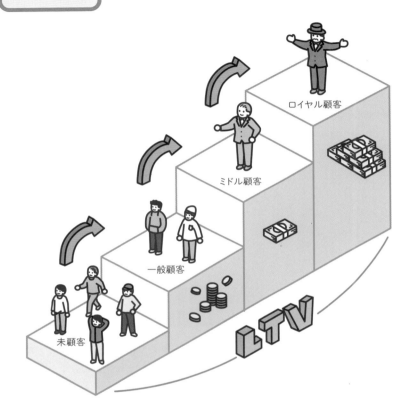

ロイヤル顧客

ミドル顧客

一般顧客

未顧客

LTV

CONCEPT

◉顧客生涯価値（Lifetime Value：LTV）とは、顧客が生涯を通じて企業にもたらす利益の総額のこと。

◉顧客が製品・サービスに対して愛着（顧客ロイヤリティ)をもてばもつほど、LTVは高まる。

◉一回の購入よりも、長期間にわたる関係を結ぶことを重視すべきだと考える。

POINT

今すぐ収益を上げるのではなく、ロイヤル顧客になってもらい生涯にわたって関わってもらう。

関連ワード

◉カスタマーリテンション
◉カスタマージャーニー
◉1to1マーケティング

WHAT IS?

◉ 全体の2割の顧客が企業の売上の8割を支える、とする「パレートの法則」。これはあくまで経験則であり、必ずしも当てはまるわけではありませんが、ロイヤル顧客こそが企業にとって最も重要な顧客であることに変わりはありません。新規顧客の獲得同様に、ロイヤル顧客になってもらえるように工夫をすることが肝心です。

◉ 既存顧客に対して継続的な価値提供を行っていきます。その意味では、LTVの改善にはカスタマーリテンションが大切になります。追加的なサービスや、様々なコンテンツなどを提供して、顧客の自社への愛着を高めていくのです。

◉ LTV改善のための施策の鍵は、ロイヤル顧客を調べることではなく、その前の「ミドル顧客で脱落する人」にあることが知られています。ミドル顧客から離脱する人こそが、不満を抱えているからです。その人の不満・悩みに応えていくことで、ロイヤル顧客を増やしていくことができます。

CASE STUDY

AKB48

◉ 秋元康氏が2005年にスタートさせた、膨大な人数によるアイドルグループ「AKB48」は、現代の日本のアイドルシステムにつながる、アイドルのビジネスモデルの革新でした。革新の鍵は、「ロイヤルカスタマー化」が仕組みとして高度に構築されていること。浅く広くの国民的アイドルではなく、狭く深く「推しメン」にはまっていく仕組みが構築されています。

◉ ロイヤルカスタマー化の鍵は、カスタマー自身に行為させ、それに対して非金銭的報酬を与えていくことです。「会いに行ける」「握手券付きCD」といった仕掛けがその典型です。カスタマーが自らの意思で積極的に行動したとき、自分の「推し」から覚えてもらえる、視線を送ってもらえるという報酬が得られる。この仕組みがアイドルにハマる「沼」という現象を生み出していくのです。

3章
組織・管理

ABOUT

健全な経営には健全な組織と管理体制が重要になります。個々の人間が組織としてまとまった行動を取るために必要な「共通目的」や、個々のパフォーマンスに違いが生まれないようにするためのシステム「官僚制」、リスクマネジメントなどを学びましょう。

chapter 3

Administrative Organization

トップマネジメント

開発　　　　生産　　　　販売

分業と調整

大きな仕事を小さなタスクに分けてみる

3-01 限定された合理性

組織・管理

Bounded Rationality

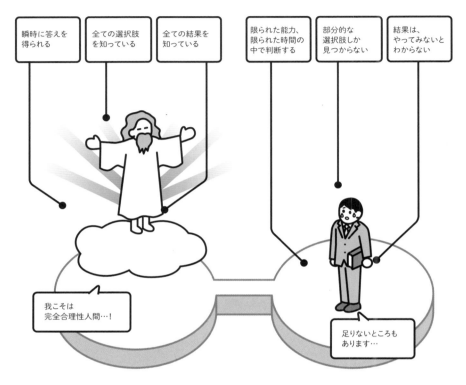

瞬時に答えを
得られる

全ての選択肢
を知っている

全ての結果を
知っている

限られた能力、
限られた時間の
中で判断する

部分的な
選択肢しか
見つからない

結果は、
やってみないと
わからない

我こそは
完全合理性人間…！

足りないところも
あります…

CONCEPT

◉人は、知り得ている情報やその処理能力に限界があるため、完全な合理性を持ちえないことを示した概念。

◉昔の経済学は、人は完全に合理的な行動をすることを前提としていた。限定された合理性は、これに異を唱えたハーバート・サイモンが提唱した。

◉人は、お互いに足りない能力・知識を補い合って組織をつくる。人類が組織が必要とする理由、前提条件。

POINT

個人では足りない知見を補ってこその組織である。

関連ワード

◉ダイバーシティ＆インフルージョン
◉分業と調整
◉アテンションエコノミー

WHAT IS?

◉人間の認知能力には限界があります。これは経営学、経済学、政治学などあらゆる人文・社会科学分野の、基本的前提です。特に経営学においては、人が組織をつくる理論的基礎となります。自分一人ではすべてのことを知ることはできず、判断能力にも限界があり、何よりも時間が足りません。だから、人は仕事を分担し、組織を作るのです。

◉生産、販売、技術開発、人事、経理…それぞれに求められる専門性が異なります。それらの多様な仕事に応えるため、人々はそれぞれの専門性・知識を持ち寄って、分担し合って組織として仕事をします。

◉従って、組織を機能させるためには、組織に様々な専門性・知識をもった人々が集う必要があります。皆が同じ能力、同じ思考しかできないのでは、組織は機能しません。この意味で、組織は、私たちの限定合理性を乗り越えるためにこそ、認知・思考・能力の多様性：ダイバーシティを必要とするのです。

CASE STUDY

本田技研工業　本田宗一郎と藤沢武夫

◉本田技研工業の創業者・本田宗一郎は技術力、未来洞察力、リーダーシップ、人間的魅力に溢れた人物でしたが、予算計画を立てたり、物を売る技術などには長けてはおりませんでした。

◉しかし、創業から1年後、藤沢武夫が参画すると藤沢の組織構築力、財務能力により4年で従業員数は約60倍、売上高は約220倍に増えました。

◉両者の足りないところを補い合えたことが「世界のホンダ」として知られる大企業にまで成長できた秘密です。

◉ホンダ以外でも大きな企業の成功物語が、コンビの物語であることは偶然ではありません。ソニーの井深大と盛田昭夫、Googleのペイジとブリン、アップルのジョブズとウォズニアックなど足りない要素を補い合うことで、マネジメントは完成するのです。

組織の3要素

Common Goal, Motivation to Contribute, Communicaton

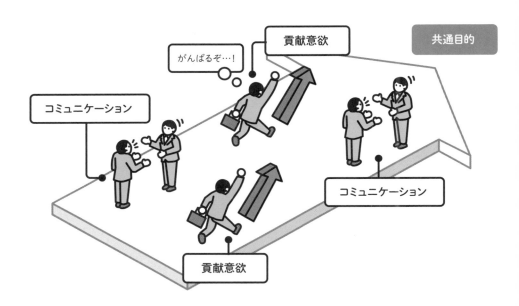

CONCEPT

◉共通目的は、メンバーの全員が理解し、目指すべき目的。

◉貢献意欲は、共通目的を達成するために、メンバーの労力や知恵などを積極的に提供しようという気持ちのこと。

◉コミュニケーションとは、リーダーとメンバー、メンバー間での調整のこと。

◉組織をうまく動かすにはこの3つを揃えることが必要。

POINT

自分の組織が上手くいってるかは、まずこの基本3要素のチェックから行う。

関連ワード

◉ミッション・ヴィジョン・パーパス

◉動機付け

◉分業と調整

WHAT IS?

◉人々の集団が、組織としてまとまった行動をするためには、何が求められるか？そのための前提条件こそが、共通目的、貢献意欲、コミュニケーションです。

◉なお、ここでコミュニケーションとは、メンバー間での会話だけではありません。相互に仕事内容を調整するための、あらゆる情報の交換のことを組織論ではコミュニケーションといいます。たとえば、生産ラインでコンピュータが出す生産指示もコミュニケーションですし、トップ経営者が動画で発信するメッセージもコミュニケーションです。

◉チームがうまく機能していないな…と感じたら、まず問うてみるべきはこの3要素です。皆が共通の目標をもてているか、十分にモチベーションを高められているか、そして、相互に意思疎通できているか。多くの場合、チームが機能しないときはこの基本3要素に課題を抱えていることが多いのです。

CASE STUDY

カーリング　ロコ・ソラーレ

◉2022年の北京オリンピック、日本の女子カーリングチーム、ロコ・ソラーレは、選抜メンバーで挑む海外チームに対し長年一緒に組んできたメンバーで挑みました。

◉体格に劣り、戦術・戦略面でも新しい手法を取り入れた海外勢に劣勢を強いられるも、勝利という目標に向かって、お互いに支え合い、助け合う精神が銀メダルという結果につながりました。

◉特筆すべきはメンバー間のコミュニケーション能力の高さです。試合中に、率直に状況を話し合い、ミスショットをしても「これはこれでOK」と前向きに捉え直しながら、暗くならず、言葉を交わし合う姿勢は、チーム力が要求される場面において必ずヒントとなるものでしょう。

官僚制

Bureaucracy

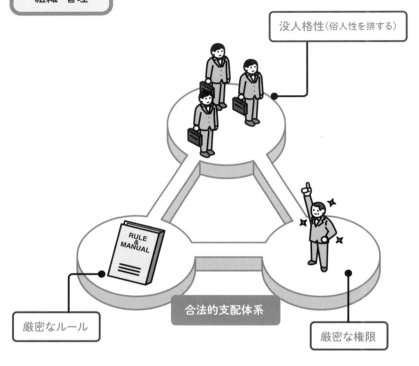

没人格性（俗人性を排する）

合法的支配体系

厳密なルール

厳密な権限

CONCEPT

◉官僚制とは、組織を管理・支配するシステム。

◉厳密なルールと権限、属人性を排することで、権威やカリスマに依らずに組織をコントロールできる。

◉官僚制の元では、厳密なルールに沿って物事が進むので効率が良い。権限の所在が明らかなので指揮命令系統が明確である。スキルがあれば誰であっても職務にあたることが可能。

POINT

個人の判断に左右されることなく業務を遂行したいとき、秩序ある組織をつくりたいとき、人間関係の摩擦を防止するときに有効。

関連ワード

◉ラインとスタッフ

◉分業と調整

◉マネジメント・コントロール

WHAT IS?

●現代社会のあらゆる組織の基本設計となっているものです。公務員組織などに限定されません。

●中世までは、伝統・家柄や、あるいはカリスマ的個人崇拝が社会の基本支配手段でした。しかし、そこには支配の合理的根拠がありません。そうした状況を打破して、近代に生まれたのが合法的支配です。人々が、民主的にルールをつくり、民主的にリーダーを決めて、自分たちで所属すべき組織を選ぶ。そして選んだからにはそのルールとリーダーに従う…という仕組みです。

●その近代組織の基本形こそが官僚制です。だからこそ、個人の専横を防ぐために属人性が排され、人々に平等な仕組みであるために、厳密なルールが設けられます。過剰な権限と責任を特定の誰かに負わせないように、それぞれの役職に厳密な権限の範囲が設定されるのです。

●正しく機能する限りにおいては、平等で民主的な仕組みですが、正しく機能しなくなるリスクは小さくありません。組織が硬直化したり、誰もが得をしない悪平等な仕組みになってしまうこともあります。

CASE STUDY

スターバックス

●スターバックスが世界中どこでも同じ味、同じサービスを提供できるのは徹底的な官僚制機構の運用の賜物です。

●全世界で安定したオペレーションを行うためには、マニュアル化と権限の明確化、属人性の排除が必要不可欠となります。

●スターバックスには世界共通の厳格なルールがあり各職位の役割が明確になっているため、店員・店舗の属人的なセンスで運営がなされません。結果として、世界中どこでも均質に高いサービスが実現できているのです。

●他にもマクドナルド、トヨタ、リッツ・カールトンなど、世界中で高い品質のサービスを提供している企業は軒並み厳格な官僚制機構が機能しています。

分業と調整

Specialization and Coordination

トップマネジメント

開発　　　　　生産　　　　　販売

CONCEPT

◉分業とは、大きな仕事を小さく分けて、それが得意な人に仕事を任せること。

◉分業することで、担当者がその仕事を習熟できる。まとめて実行することで規模の経済が働き合理的に遂行できる。また作業の切り替えにかかる時間も削減が可能。

◉調整とは、分業による細かく分けた仕事を1つに統合すること。

POINT

組織の人々を効率的に動かすために、分業と調整を組み合わせて、階層構造（ヒエラルキー）を形成する。

関連ワード

◉組織の3要素
◉官僚制
◉ラインとスタッフ

WHAT IS?

◉組織は、分業と調整でつくられます。膨大な仕事に対処するために、まずは組織で必要となる仕事について分業することが第一歩です。

◉分業した人々が、それぞれバラバラに仕事をしていては、組織としてまとまった動きができません。そこで、調整のための仕組みが求められるのです。

◉この分業と調整をうまく構築していくことで、組織は階層構造（ヒエラルキー）をかたちづくります。ヒエラルキーの中では、各階層にどれくらいの権限を持たせるかがカギとなります。上手なヒエラルキーの設計こそが、組織が機能するかどうかを左右します。

◉組織が巨大化するにつれ、ヒエラルキーが深く、複雑になり過ぎてしまいます。そうした場合に、よりシンプルな分業、よりシンプルな階層構造にリデザインすることが求められます。多くの場合、権限を下位組織に与えていくことで、課題の解決が図られます。

CASE STUDY

ダイキン

◉ダイキンは日本のグローバル企業の成功事例のひとつですが、その成功の鍵は本社と子会社の分業・調整関係の見直しにありました。

◉かつてダイキンの海外子会社の権限は小さく、強い権限をもつ親会社がすべてをコントロールしていました。しかし、そうした体制では権限が集中している本社がひたすら忙しい割に、海外展開はなかなか進まないというジレンマに陥っていました。

◉そこで、海外子会社に思い切った権限移譲を行い、本社の権限は最小限の調整機能に留めるようにしました。これは、ダイキン中興の祖として知られる井上礼之氏の言葉で「求心力と遠心力のバランスを見直した」と表現されています。

◉その結果、それぞれの国に合わせた対応や施策が可能になり、各国子会社の事業成果は飛躍的に伸びました。現在では、世界100か国以上で営業し、その多くでトップシェアを取るまでに至っています。

ラインとスタッフ

Line and Staff

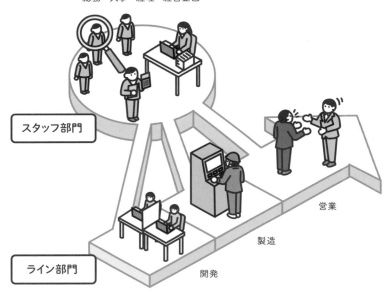

総務・人事・経理・経営企画

スタッフ部門

ライン部門

営業

製造

開発

CONCEPT

◉ラインとは、開発、生産、営業など事業運営に直接的に関わる活動を担う職種。

◉スタッフとは、事業運営に間接的に関わる職種を指す。人事や経理を担当する事務部門、ITサポート部門、基礎研究を担う研究部門などが該当する。

◉ラインの人材は個々に割り当てられた仕事に集中する一方で、スタッフの人材は組織全体を広く見て仕事を遂行する必要がある。

POINT

スタッフ部門の位置づけを正しく全社で理解し、活用することで効果は最善化される。

関連ワード

◉分業と調整

◉官僚制

◉バリューチェーン分析

WHAT IS?

◉会社の売上を生み出すのはラインであるため、多くの会社では、ラインのほうが権限が強く、上位に置かれがちです。

◉しかし、会社の組織力の基盤をなすのは、スタッフ側です。優れた経理・人事・総務・法務などを有することで、ラインの力が引き出されうるし、マネジメント・チームが戦略的な意思決定や組織改革などに集中することができるようになるのです。

◉もちろん、ラインとスタッフ、どちらが上…というわけではありません。両方がそれぞれに優れた仕事をして、会社は機能するという意味で、相互理解と事業活動での連携こそが大切になるのです。

CASE STUDY

メルカリ

◉2013年に創業したメルカリは国内最大のフリマアプリサービスを展開する企業に成長しましたが、ここまでの企業に成長できたのは、創業してすぐにスタッフ部門を整え、組織の仕組みを整えたことが大きな要因だといわれています。

◉メルカリは創業より急激な勢いで成長してきましたが、そのライン組織の発展に先んずるように、調達によって得た資金を積極的にスタッフ部門に回していきました。たとえば人事面においては現代の働き手の状況に応じた時短勤務や産休・育休制度などを次々とアップデートするなど、従業員にとって働きやすい会社となっています。

◉スタッフ部門の強化により、職場環境が整い、働きやすい職場をつくることで、ライン部門にさらに優秀な人材が集まりやすく・定着しやすくなりました。こうした好循環が、会社の急成長を実現したのです。

事業部制

Business Unit

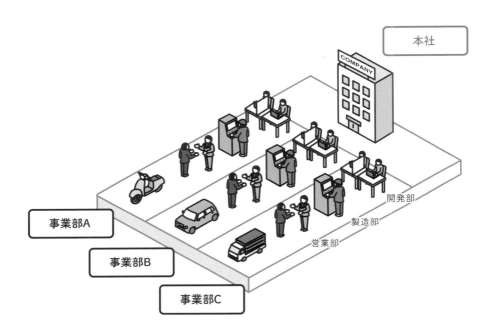

本社

開発部

製造部

営業部

事業部A

事業部B

事業部C

CONCEPT

◉会社の組織設計方法の一つ

◉パソコン事業部、スマホ事業部、デジカメ事業部など、内容の異なる事業で構成する。

◉各事業部単位でまとまった行動がとれる強みがある。

◉生産、販売、開発などの企業が重複してもつために非効率が生じる面もある。

POINT

本社が各事業部にメリハリをつけた経営資源（ヒト、モノ、カネ、情報）を投入することが大切。

関連ワード

◉プロダクト・ポートフォリオ

◉両利きの経営

◉分業と調整

WHAT IS?

◉組織のヒエラルキーのデザイン方法のひとつです。かつて 20 世紀半ばまでは、企業は生産部・販売部・購買部・開発部…といったかたちで、機能別に部門がつくられることが多くありました（機能別組織）。しかし、会社組織が大きく発展するにつれて、その上に「事業」（Business）という単位を設けて、事業別に生産・販売・購買・開発といった機能をまとめ、内部で連携をとるかたちが採用されるようになっていきました。事業部制（Business Unit）の誕生です。

◉たとえば、テレビ、スマホ、ゲーム機をつくっている会社があるとします。テレビ事業部、スマホ事業部、ゲーム機事業部…と区切れば、各事業の置かれた状況に即した戦略判断がしやすくなります。この意味で、事業部制は各事業を上手に伸ばすために決定的に有効な組織形態となります。

◉逆に、製造部、開発部、営業部という機能別に組織がつくられていたらどうでしょう。製造の技術を高めたり、新技術を様々な製品に横展開したり、あるいはテレビ・スマホ・ゲーム機の全てを抱えて営業をしていくことが可能になります。そちらのほうが事業効率が高まる場合もあり、状況に応じて使い分ける必要があるのです。

CASE STUDY

ゼネラルモーターズ（GM）

●今から 100 年以上前、自動車という商品が世に広まり出した時代に圧倒的なシェアを誇っていたのはフォード社でした。大量生産によりリーズナブルな価格を実現した「モデル T」が大ヒットし、アメリカを走る車の大半がモデル T となろうとしていました。

●そんなフォードの独走に歯止めをかけたのが GM 社でした。GM 社は消費者の嗜好の多様化を受けて、色やデザイン、価格帯など様々な自動車のラインナップを充実化。高級車から大衆車まで幅広い商品を展開することで、モデル T だけを生産するフォード社に対抗しました。

●このとき GM 社が採用した組織が、事業部制の原点のひとつとされています。シボレー、キャデラックなどブランドごとに、開発、製造、販売部門を設け、事業部ごとの独立採算制を敷きました。

●結果として、各ブランドがマーケティングや営業を競い合い成長することで、フォードの牙城を切り崩し、トップシェアの獲得に至ったのです。

マネジメント・コントロール
Management Control

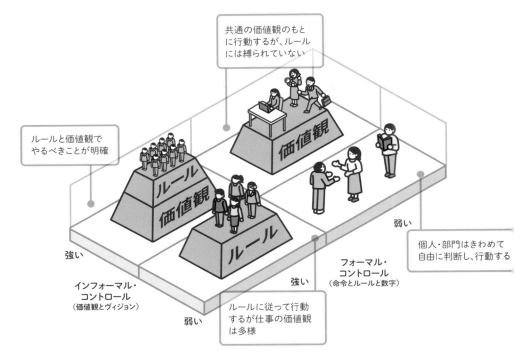

共通の価値観のもとに行動するが、ルールには縛られていない

ルールと価値観でやるべきことが明確

価値観

ルール
価値観

ルール

弱い

強い

個人・部門はきわめて自由に判断し、行動する

インフォーマル・コントロール
（価値観とヴィジョン）

強い

フォーマル・コントロール
（命令とルールと数字）

弱い

ルールに従って行動するが仕事の価値観は多様

CONCEPT

●マネジメント・コントロールとは組織を動かすためのアプローチのことを指す。
●フォーマル・コントロールは、数値目標、マニュアル、ルールなど。業務の具体的な遂行方法を明瞭に説明する。
●インフォーマル・コントロールは、ヴィジョンや規範を共有することで、皆が自発的に望ましい行動をすることを促す。

POINT

末端まで行動を統一したいときにはコントロールを強め、臨機応変な行動を促したい場合にはコントロールを弱めることが効果的。

関連ワード

●組織文化
●ミッション・ヴィジョン・パーパス
●官僚制

WHAT IS?

◉組織を操作するハンドルこそがマネジメント・コントロールです。経営者は2つのハンドルをもっています。第一がフォーマル・コントロールで、数値目標やマニュアルを与えていくことで現場に指示を出します。

◉第2がインフォーマル・コントロールで、価値観とヴィジョンを共有することで、詳細な命令を出さなくとも、現場が判断して動けるようになります。

◉ただし、時にはハンドルを握る手を「弱める」ことも大切です。現場に考えさせるのです。あえて数値目標やマニュアルを出さずに自分たちで考えさせたり、あえて価値観を強くは共有せず、現場なりの考え方を尊重することによっても、むしろ狙った結果が得られる場合もあります。現場の一人ひとりの個人の能力や思いを尊重することで、力が引き出されたりこれまでのやり方とは異なる方法での課題解決が図られたりするからです。

CASE STUDY

ヤクルト

◉独自の販売モデルを世界にも展開しているヤクルトのヤクルトレディ。この販売モデルは、数値目標やマニュアル面を共有するフォーマル・コントロールのみならず、価値観・ヴィジョンの部分までしっかり共有するインフォーマル・コントロールに支えられています。

◉全世界で約8万人にも上るヤクルトレディは「なぜこのような販売方式を採用しているのか」「シロタ株が人々の健康にどう寄与するのか」など、ヤクルトの企業精神の部分から商品知識まで現地で徹底的に教え込まれています。このような教育がヤクルトレディと購入者との信頼関係の構築を可能にし、迷いなく働けるようにするのです。

◉近年では、ヨーグルトなどで有名なダノンがグラミン銀行と始めた「ダノンレディ」も、ヤクルトレディを踏襲した内容となっており、ヤクルトレディは新興国・貧困国ビジネスの一つの模範例となっています。

バランス・スコアカード

Balanced Scorecard

視点	戦略目標	戦略マップ	
財務	売上 UP による 成長	売上高 100 億円！	
顧客	新分野 での 受注獲得	新事業分野での 顧客獲得●件 / 月	新事業分野用の 顧客ソリューション開発
業務 プロセス	社内リソース 活用	各営業し支店からの 提案●件 / 月	各営業支店同士の 情報フロー構築
学習 と 成長	業種専門性 の獲得	各営業支店連携の 社内勉強会	

CONCEPT

◉企業の状態を、財務、顧客、業務プロセス、成長と学習の 4 つの視点から定義して評価するマネジメント方法。

◉4 つの視点のそれぞれを、戦略目標と結びつけて、中長期的な目標と短期的なアクションプランを設定する。

◉目標の実現の程度をスコア化（KPI）して課題を発見し、全体のバランスをとる。

POINT

4 要素がつながり合っていることを理解し、一貫した方針を与える。

関連ワード

◉マネジメント・コントロール
◉損益分岐点
◉MBO

WHAT IS?

◉フォーマル・コントロールの具体的手段です。バランス・スコアカードという名前が使われていなくとも、現代企業の経営計画は多かれ少なかれバランス・スコアカードの発想が組み込まれています。

◉最初に考えるのは、実は顧客にどれくらい貢献するか、です。会社の存在意義は顧客に価値を届けることであるからです。まずは「顧客」について、どういう事項について、どのくらいの目標数値を達成すべきかを考えます。

◉第2に考えるのが、顧客への価値提供を実現するための組織＝業務プロセスはどうあるべきかです。同様に、どういう事項について、どのくらいの目標とするかを設定します。

◉第3には、その組織を構成する個人の成長です。人材育成の指標を設定します。

◉最後に、これらの顧客、組織、個人を総合的に見たうえで、財務的には、どのくらいの売上や利益の目標とすべきかが定められます。

CASE STUDY

キリン

◉キリングループは経営改革を進める中で、売上など財務指標のみを目標としたシステムでは経営改革が進まないと気付きました。そこで、2004年に顧客満足度や業務プロセスなど非財務指標も戦略目標に組み込むキリン版BSC（バランス・スコアカード）を導入しました。

◉従来の財務目標のみならず、「お客様にとってどうあるべきか」「業務プロセスはどうあるべきか」「人材はどうあるべきか」、さらには「環境負荷面ではどういうことをすべきか」など細かな方針が立てられ、具体的な数値目標にまで落とし込まれました。

◉組織が巨大になると、現場の業務が全体戦略とどのようにつながっているか実感しにくくなってしまうリスクがあります。そのため、大企業では現場の一人ひとりにまで数字目標と定性的行動指針の両方が与えられたほうが従業員にとっても働きやすいのです。安全・衛生を必要とし、環境等にも配慮しなければならないキリンのような企業にはよく向いた管理システムであるといえます。

3-09 損益分岐点

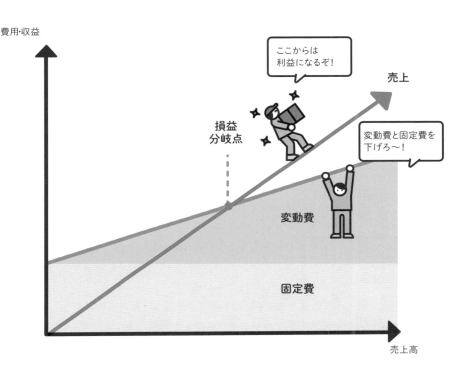

組織・管理

Break-Even Point

費用・収益

ここからは
利益になるぞ！

売上

損益
分岐点

変動費と固定費を
下げろ〜！

変動費

固定費

売上高

CONCEPT

◉いくつ以上販売すれば黒字になるか、その赤字と黒字の境目となる販売量のこと。
◉現場レベルの売上と費用の構造を把握するもの。1品あたりの売上と変動費、そして部門としての固定費を算出し、そこから損益分岐点を割り出す。
◉現場を会計面から管理するときの第一歩。

POINT

トップダウンでの売上・費用目標と、現場積み上げの売上・費用とをすり合わせる。

関連ワード

◉マネジメント・コントロール
◉バランス・スコアカード
◉規模の経済、範囲の経済

WHAT IS?

●現場レベルでの、財務的な管理の基本的な考え方となるものが損益分岐点です。各事業について、製品1単位あたりの売上と変動費、そして部門として発生するコストを計算し、どういう収益・費用構造になっているかを把握します。これがわかれば、どれくらい販売すれば黒字になるのか、また目標とする利益水準に達するためには販売目標をどれくらいにすればよいのかが定まります。

●収益性改善のためには、この3要素：1単位あたり売上、1単位あたり変動費、そして固定費を改善していけばよいのです。小さな改善を積み上げるのも大切ですが、インパクトの大きいものから改善していくのがセオリーです。

●どれだけ売れ行き好調でも、変動費が大きすぎれば利益は決して出ません。固定費が高過ぎると、少し売れ行きが鈍ればすぐ赤字になります。そして、1単位当たりの売上が小さいと、売れども売れども自転車操業になります。さて、あなたの事業を改善するにはどこから？

CASE STUDY

キーエンス

●工場のオートメーション機器メーカーであるキーエンスは日本でも突出した収益力を得ています。この高収益の第1の秘密は、徹底的に抑えられた固定費です。製造設備をもたず、外部に委託することで製品原価のほとんどを変動費化しています。損益分岐点が非常に低いコスト構造となり、儲かりやすくなっています。

●第2の秘密は原価積み上げではない製品価格です。通常、製品はその製品をつくるのにかかった原価に利益を上乗せして価格を決めていますが、キーエンスは製造原価（変動費）に依存しない価格で販売できるのです。なぜこんなことが可能なのでしょうか。

●キーエンスでは膨大な顧客データを集め、その上で顧客自身がまだ気づいていない潜在ニーズに応えることでオンリーワンのソリューションを顧客に提供できます。こうしてできた新規製品の7割が業界初、世界初と言われています。他にはない製品のため、顧客は高くても購入するのでこのような価格設定が可能になっているのです。

3-10 MBO

組織・管理

Management by Objectives

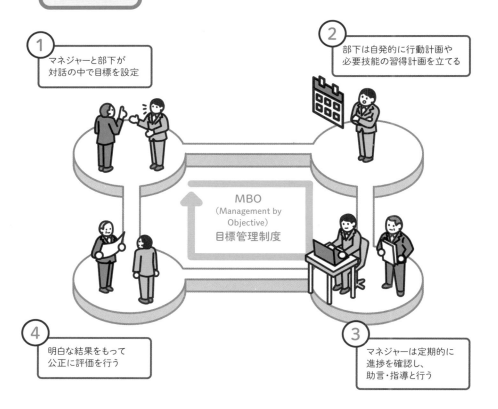

1 マネジャーと部下が対話の中で目標を設定

2 部下は自発的に行動計画や必要技能の習得計画を立てる

MBO
(Management by Objective)
目標管理制度

4 明白な結果をもって公正に評価を行う

3 マネジャーは定期的に進捗を確認し、助言・指導と行う

CONCEPT

● MBOは、経営学者ピーター・ドラッカーが提唱した、現場が仕事を自分ごとにするための、現場のメンバーが自分で目標を決める制度。

● 自律性を尊重された部下はモチベーションが高まり、生産性が向上しやすい。

● 数値目標の達成だけに偏らず、数字の背景にある顧客の喜びや社会課題の解決を部下に理解させることが重要。

POINT

メンバーのモチベーションを高めるためには、絶対に上から数字を決めない。

関連ワード

● マネジメント・コントロール
● ジョブ・クラフティング
● 動機付け

WHAT IS?

◉ここまでの管理手法が「組織レベル」であるなら、MBO は「個人レベル」での管理手法です。組織としての管理が緻密になるほど、個人としては窮屈になっていきますし、「人にやらされている」感覚が育っていきます。現場の一人ひとりが、仕事を自律的なものとし、自分が自分の管理者になることで、他人の支配から解放され、自分の人生を歩んでいけるようになる…そんな思いからつくられた手法です。

◉ MBO では、四半期などの期間を決めて、従業員が自分で活動目標数値を設定し、上司はそれを承認します。そして期末には、その活動目標数値が達成できたかどうかを踏まえて、上司とミーティングを行い、今期の評価を相互に納得の形で決め、また来期の目標や行動の是正方針を立てるのです。

◉しかし、その基本理念とはうらはらに、MBO もまた「やることが義務付けられている、やらされ感のある管理システム」になりがちであることが知られています。

◉会社から管理の方法を「与えられた」瞬間に、それは「やらされ仕事」になります。その意味で、MBO を機能させるためにこそ、その背景となる理念を理解し、自分自身のために自ら目標数値を決め、その達成手段を考えるという主体的な活用が大切なのです。

CASE STUDY

花王

◉花王のような大きな組織においては、「上から下りてきた目標に向かって働く」ことが一般化してしまう傾向にあります。そこで花王では 2020 年にマネジメントの大改革に取り組み、その中で MBO の発展形と位置付けられる OKR（Objectives and Key Results）という手法を導入しています。この手法は Google やメルカリでも導入されていることで知られています。

◉ OKR では、社員一人ひとりが目的・目標意識を持つため、経営陣から与えられた経営戦略を自ら咀嚼し、それを自分の仕事の目標や実現計画に落とし込むという形に変更しました。また、従来的な MBO が達成率 100％を目指すものであったのに対し、OKR では達成率は必ずしも 100％を目指すものではありません。遥かに高いストレッチ・ゴールを設定したうえで、その何割まで達成できたか…を目指すのです。

◉こうした目標管理方法を取り入れることで、花王では社員のモチベーション向上や組織全体生産性の向上を達成しようとしています。

3-11

組織・管理

PDCA
Plan-Do-Check-Action

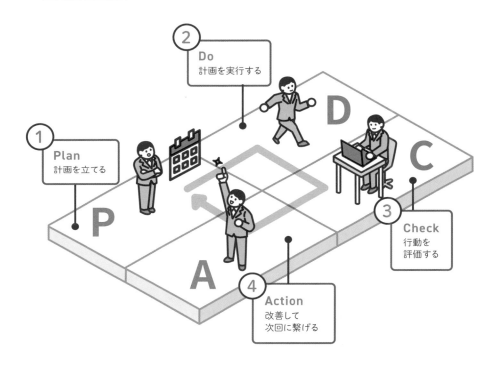

1 Plan 計画を立てる

2 Do 計画を実行する

3 Check 行動を評価する

4 Action 改善して次回に繋げる

P D C A

CONCEPT

◉業務を継続的に改善するため用いる。

◉目標を立てたのちに目標達成のために、計画（P）→実行（D）→評価（C）→改善（A）のサイクルを繰り返しながら、より良い業務遂行方法を模索する手法。

POINT

事前の計画に重きを置くのでなく、事後に経験から多くを学ぶことが大切。計画２割、実行８割。

関連ワード

◉ダブル・ループ学習
◉デザイン思考
◉心理的安全性

WHAT IS?

◉現場レベルの管理システムの基本のひとつです。あまりにも有名なので、あえて説明する必要もないかもしれません。だからこそ、ここでは「PDCA を正しく使う」ためにこそ、大切な点を強調しておきます。

◉まず Plan をちゃんとすることです。なし崩しで始めても PDCA にはなりません。最初に一定の計画を用意します。ただし、全体のバランスとしては、「計画 2 割、行動 8 割」が望ましいのです（計画 0 ではだめだということ）。

◉ Check は忖度なく行います。犯人探しではなく、「組織としての問題点」を洗い出す作業であることを念頭に、人をかばったり、あるいは誰かを悪者にするのではなく、何が問題だったかを明らかにします。

◉そして、必ず Action で改善をします。きちんと機能させれば、間違いなく有効な管理手法です。

CASE STUDY

Spotify

◉ Spotify は今や世界中で 4 億ものユーザーが利用する音楽配信サービスですが、最初はベンチャーとして立ち上がり、Apple や Google、SONY といった大手と競合しながらしっかり市場を確保してきました。そんな Spotify の強みは継続的・全社的に PDCA を回し、当初の形からサービス自体が変わるほどに改善を続けていることです。

◉ Spotify は 2006 年にスウェーデンで生まれました。その創業理念は音楽が違法ダウンロードされることをなくし、すべてのアーティストが公平な対価を受け取れるようにするというものでした。

◉初期はシンプルなストリーミングサービスに過ぎませんでしたが、データと AI を活用して、各ユーザーに最適なプレイリストの生成など着々と新機能を追加し続け、ユーザーの「楽しい」「使いやすい」を育成してきました。

◉さらにはアーティストやレコード会社にもメリットのある形への継続的改編も続けることで、これを受けて楽曲解禁するアーティストも増え続けており、創業理念通りの世界を実現しつつあります。

3-12 組織文化

組織・管理

Organizational Culture

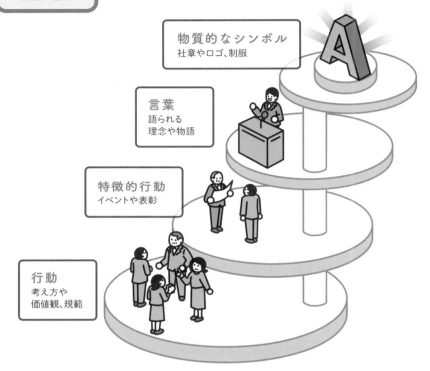

物質的なシンボル
社章やロゴ、制服

言葉
語られる
理念や物語

特徴的行動
イベントや表彰

行動
考え方や
価値観、規範

CONCEPT

◉組織文化とは、何が重要であり何が重要
でないかについて、組織メンバーに共有さ
れた価値観。

◉組織文化は様々な場面で読み取れる。最
もわかりやすいものは、制服や社旗などの
物質的なシンボルである。

◉さらにイベント等の特徴的行動、創業に
関するエピソードなどの物語、価値観や行
動規範などに表れる。

POINT

メンバーは組織文化に照らして、様々
な意思決定や行動を行う。従って、組
織を変革する際には、組織文化の変革
も必須である。

関連ワード

◉マネジメント・コントロール
◉ミッション・ヴィジョン・パーパス
◉リーダーシップ

WHAT IS?

◉組織のインフォーマル・コントロールの手段です。どれだけ上手に組織をつくり、管理の仕組みを導入したとしても、文化が悪ければ組織は一切機能しません。よき組織文化を育むことこそが、組織改革の鍵となります。

◉しかし、空気のようなこの組織文化こそが、最も変わりにくいものであることもまた知られています。フワッとした漂うもののイメージがありますが、人々の肌身に刻まれた「この組織ではこれをやると罰せられる」「こういう行動が評価される」「あの人はずっとあの件で後ろ指をさされている」「うちの社長、ああいうの好きだから」といった経験の積み重ねこそが組織文化だからです。

◉だからこそ、表出する物的なシンボルや、何を賞罰するのかが象徴的に表れるセレモニー、人々が紡ぐ言葉や物語に注意をすべきだということになります。それらを改め、リーダーが率先して新しい考え方を根付かせていくようにしなければ、組織文化は変わりません。

CASE STUDY

JAL　稲盛和夫による組織改革

◉JAL は 2008 年のリーマン・ショックをきっかけに事実上倒産してしまいましたが、その再建役に抜擢されたのが京セラや KDDI の創業者である稲盛和夫でした。

◉稲盛は会長に就任すると経営幹部や社員をはじめ、パイロットや CA まで一人ひとりに話を聞いて回り、社員たち自身が批評はすれど行動はしない、その組織文化をこそ変えようと奔走しました。そして、「お客様視点を貫く」「売上を最大に経費は最小に」など新たに全従業員が共有すべき価値観、考え方をまとめた「JAL フィロソフィ」を掲げました。

◉さらに小集団で採算を管理する「アメーバ経営」の手法も取り入れ、分けられた区分ごとに利益を出すよう意識させました。その結果、末端の人間に至るまで利益確保、経費削減の意識が浸透しスタッフ同士の連携もスムーズになっていきました。

◉こうした稲盛和夫の変革が功を奏し、JAL は事実上の倒産からわずか 2 年 7 ヶ月で再上場を果たしたのでした。

ガバナンス

Governance

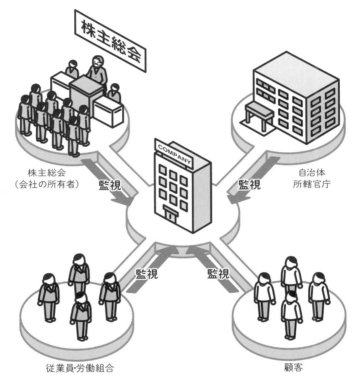

CONCEPT

◉ガバナンスとは、組織が健全な状態を維持するための管理機構を指す。

◉狭義には、株式会社の経営陣は、会社の所有者たる株主によって統制される必要があり、この株主による経営の管理・監督ができているかを指す。

◉広義には、企業は他の様々なステークホルダーによっても管理・監督されており、それらのステークホルダーの利害が正しく調整されていることを指す。

POINT

組織の不祥事を防ぐためには、社内外の関係者が、会社の活動を監督する仕組みが必須。

関連ワード

◉三方良し

◉ESG

◉CSR/CSV

WHAT IS?

◉会社を正常に機能させるためには、その会社の活動に携わっている人ではない、外的な存在によってその活動が監督されることが必要不可欠です。これをガバナンスといいます。

◉第一には株主たちが会社の活動の監督を行いますが、顧客もまた会社に対して目を光らせうる存在ですし、従業員でつくる組合もまた、会社に対して一定の牽制力を有します。政府や自治体も、企業を監督する存在です。社外取締役もガバナンスのための仕組みのひとつです。

◉特に影響力の大きな上場企業の場合は、このガバナンス機構の整備もまた重要な義務となります。自らがどれだけ誠実に仕事をすると誓いを立てようとも、それを外的な存在に認証してもらわなければ、理解はされませんし、人間なので魔がさす可能性もあります。自らが正しく経営できるようにこそ、ガバナンスを整備しておくことは有益なのです。

CASE STUDY

日本大学

◉ 2021年に日本大学の理事長が取引業社から受け取ったリベートなど5200万円の申告漏れが発覚し、脱税の罪で逮捕されました。脱税額は3年間で1億超の疑いがあると見られていますが、なぜこのようなことが起こったのでしょう。

◉通常の企業であれば、株主、顧客、従業員・組合、外部監査役など常に外部の目に晒されていますが、大学法人には株主総会に代わる制度がないため、仕組みとしてガバナンスが効きにくいのです。

◉また、大学の管理組織がダメだとしても、学生は余程でない限り入学したいと考えます。そのため、顧客（学生）からのガバナンスも効きにくく、また従業員にあたる教職員も反論がしにくいのです。そのため、学校法人では理事長・理事組織の権限が強大になりやすい環境にあります。こうした環境が日大理事長脱税事件の一因となったと考えられています。

リスクマネジメント

Risk Management

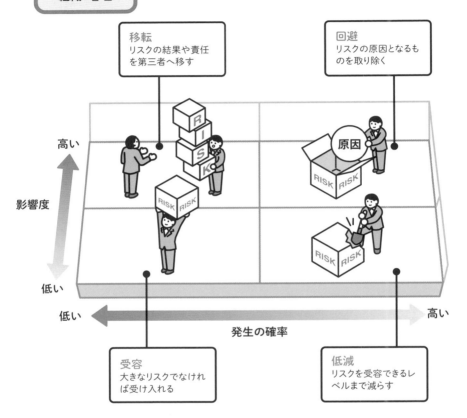

移転
リスクの結果や責任を第三者へ移す

回避
リスクの原因となるものを取り除く

原因

高い

影響度

低い

低い ← 発生の確率 → 高い

受容
大きなリスクでなければ受け入れる

低減
リスクを受容できるレベルまで減らす

CONCEPT

◉今日、会社は様々なトラブルや脅威に晒されている。それらに対しての対応方針を用意し、何かあったときには速やかに緊急時用のオペレーションに切り替えられるようにする。これをリスクマネジメントという。

◉リスク要因の影響度と発生確率で4分類し、それぞれに対し回避・移転・低減・受容の4種類の対応をとる。

POINT

重大なリスク要因を特定・認識しておく作業を定期的に行うこと。

関連ワード

◉VUCA

◉PDCA

◉SCM

WHAT IS?

◉リスクマネジメントは大きく2つの要素からなります。「問題が起こる前にリスク要因」を整理し、それぞれへの対策を定めておくことが第一です。そして第2は、「問題が起こらないようにする信頼性の高い組織をつくること」でもあります。

◉事業組織は通例、リスク事項についてはあまり考えないことが多いです。効率化、合理化に目はいけども、その効率性を犠牲にして、収益も増えないリスク事項の管理にはなかなか時間を取れないのもうなづけます。だが、致命的な問題が起こってしまってからでは遅いのです。

◉今日は、自然災害や戦争・テロ、国際問題、はたまたネット炎上など、様々なトラブルが、いつ起こるともわからない時代です。リスク事項への対策を立てるとともに、問題の起こりにくい組織をつくっていくこともまた大切になるでしょう。

CASE STUDY

セコム

◉ひとたび起こってしまうと個人や会社に重大な問題をもたらしてしまう盗難などの犯罪行為ですが、起こてもいないときにそこにリソースを割こうとする意識は薄いものです。そのリスクを仕組みとしてまとめて引き受けるサービス、すなわち日本初の警備会社として創立されたのがセコムです。1964年、東京オリンピックの選手村などの警備を成し遂げて社会的信頼を獲得したことで有名になりました。

◉それまで日本では、盗難などの犯罪行為に対しては盗難保険などの「発生後の対応」が主でした。そして発生前については企業も個人も自主管理が基本でした。そうしたリスクを「発生しないように」委託できるサービスという発想が新しく広く、世の中に受け入れられていきました。

◉現在では、セコムのような警備会社はリスクマネジメント分野における社会の重要なインフラとなりました。会社の本業に集中できるようにするため、こうした不測のリスクの担い手は、社会的に欠かせない存在になったといえるでしょう。

4章
イノベーション

ABOUT

企業は常に、新たな市場価値を生み出すことを市場と顧客から求められています。「イノベーション」はその声に応えるための一つの手段です。主力事業の拡大を目指しつつ、新規事業を探るためのアンテナと組織運営などを学びましょう。

chapter **4**

Innovation

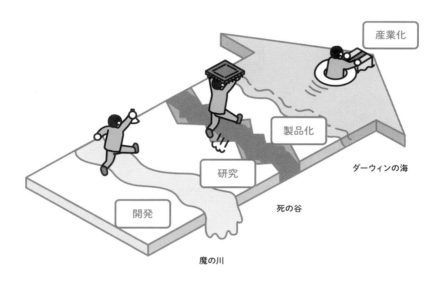

産業化

製品化

研究

ダーウィンの海

開発

死の谷

魔の川

魔の川・死の谷・ダーウィンの海

３つの障壁を超えてイノベーションを生み出すには？

イノベーターの ジレンマ

4-01
イノベーション

Innovator's Dilemma

高品質で高画質、長寿命！
でも従来通りのデザイン

画質そこそこ、バッテリーイマイチ
でも斬新で美しいプロダクト

なんか右の電話、
今までにないデザインで
直感的な操作ができて
いいかも…？

破壊的イノベーション

従来の「イノベーター」

CONCEPT

●既存顧客のニーズを満たすことに経営資源を割いた結果、別の顧客が抱く別の需要に気づけず、破壊的イノベーションを起こした新興企業に市場を奪われる現象。
●企業が顧客の声にこたえることは大切なことだが、企業の存続のためには破壊的イノベーションに向けての取り組みも欠かせない。

POINT

イノベーターのジレンマを防ぐためには、独立した小規模組織に十分な経営資源を割り当てて新事業を任せながら、次のイノベーションを生み育てる。

関連ワード

●両利きの経営
●エフェクチュエーション
●PEST分析

WHAT IS?

● イノベーションとは何か、ということに関する重要な問題提起です。一般に、「あの企業は業界のイノベーターだ」と目されるような優良企業は、顧客の声を聞き、最新技術を搭載し、取引先ともよい協業のうえで優れた製品・サービスを提供します。

● しかし、そこに現れるのが、業界の常識を覆すような製品・サービスを出してくる企業です。全く違う顧客の声に対応し、技術的にも別に凄いとも思えないような品を、新しい取引先企業と一緒に提案してくる。"イノベーター"と目される、技術に秀で主要顧客のニーズにこたえている企業は、そうした新機軸の製品・サービスの真価を見誤ってしまいます。そして、気がつけばその新たな競争軸を提案してきた企業に、市場を奪われてしまうのです。

● これが「イノベーターのジレンマ」と言われる所以です。一般的な観点からすれば優良な"業界のイノベーター"は、新機軸な製品「破壊的イノベーション」には対応できません。従来軸で先進技術を追求し、顧客ニーズにこたえられる存在もイノベーターなら、全くの新機軸を提案する企業もイノベーターです。前者は産業の構造を強化し、後者は産業の構造を破壊するのです。

CASE STUDY

ガラケーとiPhone

● ガラケーはまさにイノベーターのジレンマの好例です。かつての日本の携帯電話市場は顧客の声を聞き、競合に対して技術的に優位に立とうとする企業しかおらず、既存の方向性に縛られた製品を各社がいくつも出していました。

● そんな市場に2008年、iPhoneが現れました。しかし、当時の日本ではメーカーも通信キャリアも、iPhoneに対してはそこまで注目していませんでした。画質も、バッテリーの持ちも悪く、技術的にも何が秀でているのか誰にもわからなかったためです。市場に受け入れられるとは思わなかったのです。これはガラケーの評価軸でiPhoneを見てしまったため、その真価を評価できなかったことが要因です。

● そうこうしているうちに市場はすべてiPhoneをはじめとした海外産のスマートフォンに席巻され、日本の携帯電話は「ガラパゴス化」してしまったのです。iPhoneはまさに日本の携帯電話市場に「破壊的イノベーション」を起こしたといえるでしょう。

4-02

イノベーション

両利きの経営
Organizational Ambidexterity

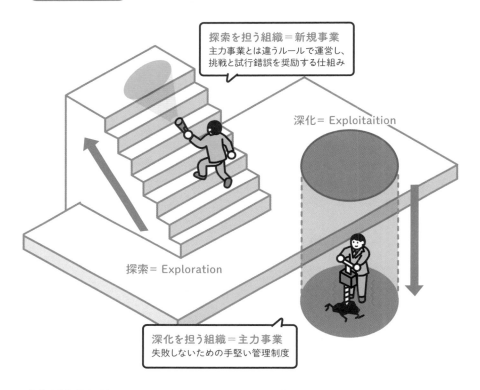

探索を担う組織＝新規事業
主力事業とは違うルールで運営し、挑戦と試行錯誤を奨励する仕組み

深化= Exploitaition

探索= Exploration

深化を担う組織＝主力事業
失敗しないための手堅い管理制度

CONCEPT

◉成熟企業がイノベーションを起こすためには、新事業の探索と主力事業の深化の両方を同時に追求していくことが大切であることを示した概念。

◉両利きの経営をするためには、探索と深化で組織を分けることが必要。

◉経営資源（人材、モノ、資金、情報）は共有する。

POINT

変化の激しい産業界において企業が生き残るためには、主力事業が好調なうちに新事業に挑戦することが重要。

関連ワード

◉イノベーターのジレンマ

◉プロダクト・ポートフォリオ・マネジメント

◉規模の経済、範囲の経済

WHAT IS?

◉従来のやり方では、破壊的イノベーションに対応できないとすれば、どうすればよいのでしょう。その答えが、両利きの経営です。社内に、まるきり別の2系統の組織を有し、一方では既存事業の強化（深化）を続け、他方では新たな可能性の探索を行っていくのです。

◉2つの組織で、全く別の能力を構築し、全く別の目標を設定、業務のスピード感やフローなども分けることが大切になります。

◉しかし、単に分離しただけでは、同じ企業内に2組織が存在している必要性は薄くなります。両利きの経営の真価は、2社の間で資源を共有することで発揮されます。深化を担う主力事業から、使える資源を探索を担う組織のほうに融通してやることによって、既存事業の悪影響を取り除きながら、好影響を与えられる部分だけを上手く活用できるようになるのです。

CASE STUDY

Amazon

◉両利きの経営の好例といえば GAFA の一角を担う Amazon です。もはや説明の必要もないほど広く知れわたったオンラインストアですが、1994年の創業時は取り扱っているのは書籍のみでした。

◉着実にオンライン書店ビジネスを成長させていた Amazon でしたが、当時の業界最大手「ebay」には遅れをとっていました。しかし、オンライン書店ビジネスと並行して、新規事業の探索も怠っていませんでした。2002年には、第三者間で商品を取引するマーケットプレイスの支援事業を開始。既存のオンライン書店事業のプラットフォーム、物流を利用したこの新規事業によりさらなる発展を遂げたのです。

◉その後もクラウドコンピューティングサービスの AWS（Amazon Web Service）、電子書籍サービスの Kindle など既存の共通のリソースを上手く活用しながら、別のチームによる新規事業を次々と成功させていったのです。

4-03 バリュー・プロポジション・キャンバス

Value Proposition Canvas

⑧提供価値 ： 動画・映画・ドラマ見放題　　①顧客対象 ： 動画・映画好きなユーザー

⑥ Gain Creators ：
クリエーターたちの無数の
動画、分かりやすいUI

③ Gains ：
魅力的な動画の数々、
見たい動画が見つけ
やすい

⑦ Pain Relievers ：
端末フリー、オンデマンド
配信、サブスクプラン

④ Pains
時間・場所・タイミングの
制約、広告の表示

⑤ Product & Service ：
動画サブスクサービス

② Customer jobs ：
好きなときに、好きなだけ動画
が見れるようになりたい

CONCEPT

●顧客のニーズに一致するように製品をデザインするための手法。

●まず右側に顧客の情報を書く。顧客の抱える課題を解決するために、どういうGain：嬉しいことを提供し、どういうPain：嫌なことを取り除くべきかを調べる。

●それに応じて、左側では、商品・サービスがGain・Painに対応すべくどういう機能・使用を備えるべきかを書く。

POINT

特に顧客のPainを深掘りし、それを取り除くうえで力を発揮する。

関連ワード

●ペルソナ分析

●経験価値

●デザイン思考

WHAT IS?

●イノベーションの起点は新製品・新サービスの創造です。そのための基本ステップは、顧客ニーズをよくよく分析し、それに合致するように製品の機能・仕様を定めていくことです。

●これを実践するための最新の手法がバリュー・プロポジション・キャンバスです。この手法の魅力は、顧客の課題を解決するために必要なことを、付与すべき Gain と取り除くべき Pain とに分解することにあります。特に従来では、製品が備えるべき機能を考慮するうえで、Gain の側面ばかりに注目が集まっていた中で、Pain を取り除くことの重要性を伝えているのがこの手法の鍵といえます。

●近年普及しているサービス、たとえば GAFA のサービスやツイッターなどは、徹底的に Pain を取り除くことに集中しています。使ううえでの不満点がないことが、競合に秀でているポイントとなっています。

CASE STUDY

YouTube

●もしも今、動画配信サービスがない状態で新たにエンターテインメント動画配信事業を立ち上げるとしたら、自ずと YouTube のような形になっていくのではないでしょうか。

●バリュー・プロポジション・キャンバスから動画を見る視聴者の立場を考えると、Gain は「楽しい番組を見たい」「時間や場所にとらわれず自由に見たい」といったことになるでしょう。一方 Pain は、TV を元に考えてみると「家にいなくてはいけない（場所）」「決まった時間に見ないといけない（時間）」「TVがないといけない（機器）」といったものになります。

●理想的な動画配信サービスは Gain を付け足し、Pain を消したもの、すなわち「好きな時間、場所、状況で手軽に楽しい番組を見られる」サービスになり、それがまさしく YouTube なのです。現代人の生活スタイルにとっては、テレビなどよりもむしろこうしたサービスのほうが自然な形であり、その新しい当たり前をつくったのが YouTube です。

ブルーオーシャン戦略
Blueocean Strategy

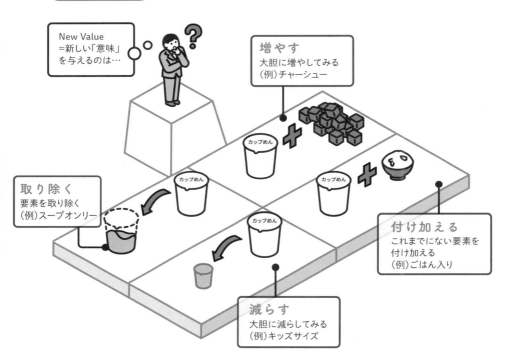

New Value
=新しい「意味」
を与えるのは…

増やす
大胆に増やしてみる
（例）チャーシュー

取り除く
要素を取り除く
（例）スープオンリー

付け加える
これまでにない要素を
付け加える
（例）ごはん入り

減らす
大胆に減らしてみる
（例）キッズサイズ

CONCEPT

◉ブルーオーシャン戦略とは、これまで存在しなかった全く新しい市場で事業を展開する戦略。

◉他社と競合せず事業を展開できるため、高成長・高収益が期待できる。

◉競争の激しい既存市場（レッドオーシャン）では、限られた需要をライバル企業と奪い合うため、競争が激しく、利益も限られている。

POINT

ブルーオーシャンを見つけるため、アクション・マトリクスを用いて新しい「価値」や「意味」を生み出すことが有効。

関連ワード

◉バリュー・プロポジション・キャンバス

◉経験価値

◉イノベーターのジレンマ

WHAT IS?

●業界を刷新するようなイノベーションは、新しい価値を提案することから始まります。その新しい価値提案の先にあるものが、誰もいない青い海、ブルーオーシャンです。ブルーオーシャン戦略とは、イノベーションを志すにあたって、まだ誰も提案していない新しい価値を提案せよ、ということです。

●ブルーオーシャン戦略の代表的手法が左図のアクション・マトリクスです。既存製品から、何かを取り除いたり、大胆に減らしてみることで、別の価値を提案します。たとえば味の素は、パッケージの内容量を大胆に減らすことで、貧困国向けの個包装製品を生み出しました。

●あるいは、既存製品に、何かを付け加えたり、大胆に増やしてみるという例もあります。レッドブルは、従来の栄養補給飲料に、「翼を授ける」というメッセージ性を付け加えることで、体だけでなく心を潤すと思わせる飲料へと転換を遂げました。

●大切なことはこの4つの操作軸はきっかけに過ぎないということです。それを通じて、価値の転換を図ることが本質です。

CASE STUDY

ドン・キホーテ

●ドン・キホーテは小売店業界に革命を起こした企業ですが、その価値はブルーオーシャンを発見したことにあります。

●既存のスーパーなどの小売店はレッドオーシャンで他店との差別化が難しい状況にありました。その中でドン・キホーテは、既存の小売店がしていないことを試しました。

●基本的に小売店は「見やすく、買いやすく、取りやすい」を基本に陳列されていますが、ドン・キホーテは「圧縮陳列」と呼ばれる大量の商品を隙間なく陳列させる方法を取りました。

●普通これでは「見にくく、買いにくく、取りにくい」、良いところのない陳列に思えますが、ドン・キホーテは仲間と訪れてワイワイ買い物を楽しむ、一人で掘り出し物を探すなど購買時間をエンターテインメントに変えてしまったのです。

●小売店の店舗は普通、必要なものを買いに来る「モノ消費」の場所であるのに対し、ドン・キホーテは他にはない楽しい買い物ができる「コト消費」の場所として新たな価値を生み出したのです。

4-05

イノベーション

デザイン思考

Design Thinking

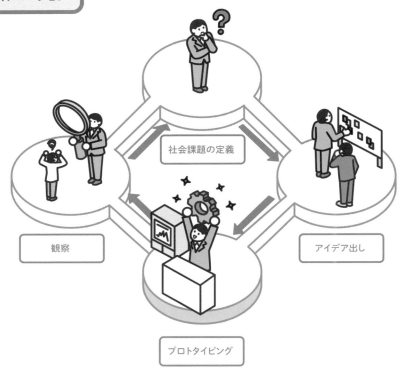

社会課題の定義

観察

アイデア出し

プロトタイピング

CONCEPT

◉デザイン思考とは、議題解決のために商品やサービスを適切に形づくること。

◉課題に対して、どう応答すればよいかを考える。奇抜な発想は不要で、素直に課題に応えるとよい。

◉デザインはアートとは異なる。アートは自分の中の自由な発想をもとに形をつくり、それを世に問いかけるもの。発想の起点が社会なのがデザイン、自分なのがアート。

POINT

良いデザインを生み出すには、とにかくたくさんの形をつくり、ブラッシュアップしていくことが大切。

関連ワード

◉ペルソナ分析

◉バリュー・プロポジション・キャンバス

◉PDCA

WHAT IS?

◉デザイナーの行動様式・思考様式をビジネス用の手法としてまとめたものがデザイン思考です。イノベーション・マネジメントの科学が解明してきたことが、スマートに手法化されている様子から、近年では科学的裏付けのあるイノベーションの実践手法群として教えられるようになっています。

◉その中核は、観察→定義→アイデア出し→プロトタイピングのサイクルを素早く回すことです。「観察」では、顧客の実情をみて、その現場に共感することで、顧客の真の課題を考えていきます。それを、自分の言葉で「定義」します（課題の焦点を定める）。それに沿って「アイデア」を自由闊達に出し、必ずかたちにして試します（プロトタイピング）。

◉このサイクルを素早く回していくことで、正解を探していきます。イノベーションは散らばったカードから1枚の当たりを引くようなものです。沢山試して、その中から正解を探す行動様式こそが、成功に近づくすべなのです。

CASE STUDY

週刊少年ジャンプ

◉日本が誇る漫画産業の中心となっているのが週刊少年ジャンプ。ジャンプをトップランナーたらしめているのは、漫画家と編集がタッグを組んで取り組む業務フローにあります。

◉ジャンプでは毎週毎週、読者アンケートのフィードバックを得ながら、作品を「デザイン」をしていきます。徹底的に、いま流行っているもの、読者が求めているものの情報をひたすらインプットし、それを盛り込みながら漫画家は漫画のネーム（原案）を描いていきます。

◉一方で、担当編集はそのネームに対して客観的な視点から容赦なくボツを出します。そのようにして、何度もアイデア出しと修正を繰り返しながら最適解を探してくのです。そして最終的に完成した作品に対しては、また読者アンケートで評価をもらい翌週の作品に反映させていきます。このフィードバックと再提案のサイクルが誌面の競争力を維持する鍵となっているのです。

オープンイノベーション
Open Innovation

共同開発

技術・アイデアを
売却

技術・アイデアを
購入

自社　　**他社**　　　　**自社**　　**他社**

アウトバウンド・イノベーション　　インバウンド・イノベーション

CONCEPT

●オープンイノベーションとは、企業や大学、その他の団体などがもっている独自の技術や事業アイデア、ノウハウやデータなどを相互に見せ合い活用することで、革新的な新事業や新技術などを生み出そうとする動き。

●グローバル化や技術の高度化に伴い、自社内の経営資源だけではイノベーションを起こすことが難しくなった。その結果として、近年はオープンイノベーションを活用する傾向が増している。

POINT

目標の明確化や他社との信頼関係の構築、ネットワークの拡大、社内に残すものの見極めが重要になる。

関連ワード

●交渉術、win-win
●M&A
●魔の川・死の谷・ダーウィンの海

WHAT IS?

◉イノベーションのプロセスの中では、多くの新技術やアイデアが埋もれたままとなってしまいます。会社から出せるのは、ごく少数のアイデア・技術だけ。そのデッドストックとなった技術・アイデアは、他社にとっての課題解決になるかもしれません。ならば、デッドストックの技術・アイデアを企業間で融通し合うようにすれば、イノベーションは加速するはずだ、というのがオープン・イノベーションの基本発想です。

◉他者から技術・アイデアを入手する「インバウンド・オープンイノベーション」と、他者に技術・アイデアを提供する「アウトバウンド・オープンイノベーション」に大別されます。また、両社がお互いに技術・アイデアを出し合って、それを組み合わせる複合型も存在します。

◉技術・アイデア自体の売買や、企業の M&A のほか、共同研究・共同開発というアプローチもあります。なお、オープンイノベーションは、他社との交流を通じて、自社の考え方を変革させることにも力を発揮します。

CASE STUDY

P&G

◉外部の意見を積極的に取り入れて成功しているのが P&G です。同社は、2000 年代前半に自社の開発体制に限界を感じ、協業を中心とした「コネクト＆ディベロップ戦略」を開始。自社に必要な技術を世界中の企業に求め始めました。

◉同社はオーラルケアや美容などのカテゴリ別に求めている技術の情報を、ウェブサイトで公開しました。そこに応募してきた企業の技術を調査し、可能性があれば共同開発を行うようにしたのです。

◉そうした取り組みから生まれたヒット商品も多くあります。キッチン洗浄用スポンジ「ミスター・クリーン　マジックイレイサー」の技術はドイツの化学メーカー、BASF が開発したものです。P&G は、応募してきた同社の技術を精査したのち緊密な協力体制のもと新製品開発に至りました。本製品は、子どもがつけた壁のシミや床の汚れなど、硬い表面についた汚れならすべて落とせる画期的な製品として大ヒットしました。

4-07 クロスファンクショナル チーム

イノベーション

Cross-Functional Team

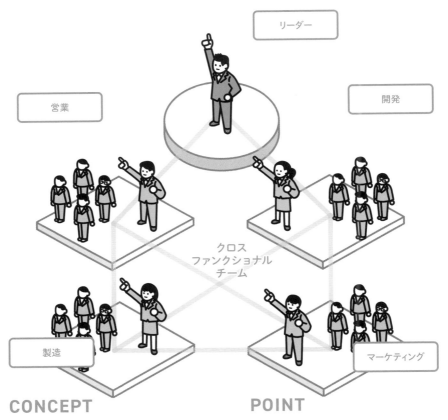

リーダー

営業

開発

クロス
ファンクショナル
チーム

製造

マーケティング

CONCEPT

◉全社的な課題を解決するために、部門の垣根を越えて人材を集結させたチーム。
◉トップダウンの改革を推進する際に有効。
◉改革の意図を理解したリーダー、社内の複数の部署から選抜された専門性の高いメンバーによって構成される。

POINT

チームの目的の明確化、クロスファンクショナルチーム間での情報共有と議論推進のスキルが必須。

関連ワード

◉分業と調整
◉エンパワーメント
◉リーダーシップ

WHAT IS?

◉イノベーションを実現するには、社内外の様々な技術・アイデアが結集されるのみならず、営業・マーケティング・製造など各部門の協力も必要となります。その意味で、関係各方面の人々を集めた機能横断チーム「クロスファンクショナルチーム」が、イノベーションを実現するときの鍵となります。縦割り組織のままでは、イノベーションはうまく世に出していくことはできないのです。

◉クロスファンクショナルチームが機能するかどうかのポイントは、このチームに十分な権限と資源が与えられるかどうかです。なるべく会社の上部のキーマンの庇護のもとに、自由に行動できる環境をつくることが望ましいです。組織づくりとは、人を集めることではなく、権限と資源を適切に設計することなのです。

◉リーダーの役割も大切です。研究の中では、民主的なリーダーよりも、自分のヴィジョンや、作りたいものが明確にある、良い意味でのワガママさ、自分なりの強い信念のあるリーダーのほうが望ましいことが明らかになっています。

CASE STUDY

日産

◉1999年、経営危機に陥った日産はフランスのルノーの傘下に入りました。そして、日産の再建のため社長に就任したのがルノーの副社長カルロス・ゴーンでした。

◉ゴーン改革では、日産の各部門から中堅どころの社員が集められ、クロスファンクショナルチームがつくられました。それぞれの部門がこの先どうすべきかの案を、彼ら自身に出させゴーンはそれを承諾しました。チーム結成から2ヶ月後には「日産リバイバルプラン」が発表され結成前の目標を全て一年前倒しで達成してしまいました。

◉こうした取り組みの効果として、部門の垣根を超えて人材を集結させることがそれまでにあまり接点のなかった社員同士のシナジーを生み、問題解決のアイデアなどが出やすくなることが挙げられます。また、現場主導で問題解決にあたらせたことも、自分たちで考え決めたことであるため、社員自身も納得感を持ちやすかったようです。この改革により日産はゴーン就任より3年でのV字回復を成し遂げました。

4-08 SECI モデル

SECI Model

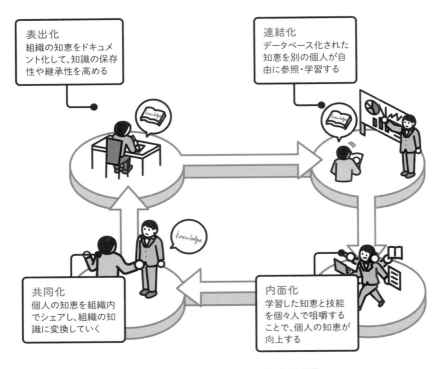

表出化
組織の知恵をドキュメント化して、知識の保存性や継承性を高める

連結化
データベース化された知恵を別の個人が自由に参照・学習する

共同化
個人の知恵を組織内でシェアし、組織の知識に変換していく

内面化
学習した知恵と技能を個々人で咀嚼することで、個人の知恵が向上する

CONCEPT

◉SECI（セキ）モデルとは、組織の中で知識を発展させるための理論。

◉知識状態には形式知と暗黙知、個人知と集合知の区別がある。

◉それぞれの知識状態を遷移させるためには、共同化（Socialization）、表出化（Externalization）、連結化（Combination）、内面化（Internalization）の4アクションが必要。

POINT

情報を仲間で共有し、それを会議の場などできちんと議論し、記録に残し、その記録を用いて個人が学習する。そこから応用して、自分なりの新たな技法を探っていく。

関連ワード

◉ダブル・ループ学習

◉越境学習

◉PDCA

WHAT IS?

◉野中郁次郎・一橋名誉教授が発表し、世界的に知られる、日本発の理論。知識状態についての暗黙知／形式知と、集合知／個人知の2軸をベースに、その2×2の4フェーズを動いていくことで、知識は発展していくとするモデルです。

◉個人の知恵が、組織の知恵となることで組織力を高めるのが共同化（S）です。共同化では、個人の知識を組織内で皆にシェアし、組織としての知識に変えます。次の表出化（E）では、その組織の知恵をドキュメントとして書き記すことで、知識の移転性・継承性・保存性が高まります。そうして書き出された知識がデータベースに蓄えられ、別の個人が自由に引き出すことで、個人の技能が高められます（C）。それらの技術を内面化させ、咀嚼し磨いていくことで、個人の暗黙知の水準が上がるのです（I）。

◉このモデルは蓄積的なタイプのイノベーションに有用です。すなわち、製品・サービスを継続的に磨いていく場面や、現場の組織力を高めていきたい場面などによく当てはまります。

CASE STUDY

日本マクドナルド

◉SECIモデルの事例として顕著な例が、現場力の高さで知られる日本マクドナルドです。

◉同社には膨大な数のマニュアルがあり、社員はまずそれを技能として習熟することが求められます。学習効率を高めるための作業習得の順番や、作業時の注意点・ポイント、さらには「なぜそのやり方が最善なのか」といった企業の理念や背景につながるところまで詳細に記載されています。この充実したマニュアルこそが同社の強みといえます。

◉そして、社員がこのマニュアルを学び、それを自分の技能として内面化していく中で、また新しい方法や改善点が生まれてくるのです。さらにそれを他の社員にもシェアし、優れたものであると認められればふたたび文章化されます。そのようにしてマニュアルが発展していくのです。

◉こうした、マニュアルと個人の習熟のサイクルがうまく回っていくことで、マクドナルドは現場力を高め続けていけるのです。

エフェクチュエーション

Effectuation

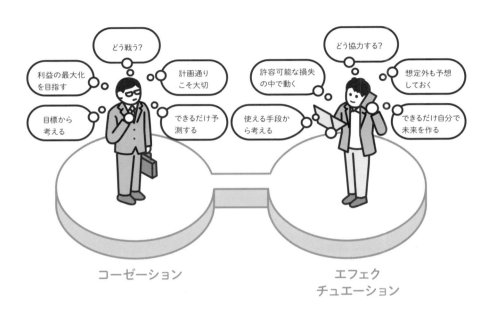

どう戦う？

利益の最大化を目指す

計画通りこそ大切

許容可能な損失の中で動く

どう協力する？

想定外も予想しておく

目標から考える

できるだけ予測する

使える手段から考える

できるだけ自分で未来を作る

コーゼーション

エフェクチュエーション

CONCEPT

◉エフェクチュエーションは、成功したベンチャー起業家のもつ行動パターン。彼らの行動は、大企業の経営者や管理職の行動パターンとは真逆ともいえるほど異なっている。

◉成功した起業家は、ゴールから逆算せず、手元の経営資源や人脈からどのような未来が描けるかを発想する。

◉まず厳密なプランを立てるのでなく、その都度行動方針を切り替えていく柔軟性に特徴がある。

POINT

先の予測が難しい産業での事業活動をデザインするのに役立つ。何か新しいことを始める際にも一般的に有用とされる。

関連ワード

◉イノベーターのジレンマ

◉デザイン思考

◉オープンイノベーション

WHAT IS?

●成功したベンチャー起業家と、大企業のシニアマネジャーを対比する中から、二者が全く異なるビジネス技能を構築していることを解明した研究成果です。後者の行動様式は、結果から逆算するという因果関係を重視するものであることから、コーゼーション（Causation）と名付けられ、前者の行動様式はそうした因果関係が成立しないような不確実な状況に置いて、自らの行動で影響を与えて未来を創っていくことからエフェクチュエーション（Effectuation）と名付けられました。

●ビジネスの優秀さには2種類ある、ということでもあります。新事業を成功させるような起業家型の人材と、大企業の組織をマネジメントするような人材は、どちらも「優秀」ですが、そのタイプは真逆なのです。イノベーションを実現したいときには、従来的な組織における優等さを捨てる必要もあるのです。

CASE STUDY

USJ（ユニバーサル・スタジオ・ジャパン）

●USJが開業したのは2001年のことでしたが、当初の評判は決して芳しいものではありませんでした。当初は大阪市が出資した会社で、大阪市からは優秀な人材が送られて運営されていましたが、サービスは芳しくなく、人身事故や衛生問題などの影響もあり、ブランドイメージは大きく低迷していきました。

●そんな状況をテコ入れすべく2005年、USJは民間企業に転じました。同時に、P&Gで辣腕をふるっていた森岡毅氏をはじめ、新規事業やマーケティングに強いメンバーが加わり、経営方式も抜本的に見直されていきました。

●森岡氏が進めた改革は徹底的に消費者視点の会社にするというものでした。この改革により、日本のアニメコンテンツやキャラクターとも積極的にコラボする総合エンターテインメント施設へと変貌。見事V字回復を遂げています。

●大阪市から送られた人材も決して優秀でなかったわけではありません。大切なことは、「優秀さ」にも2種類あるということです。テーマパーク運営に長けていたのは、行政運営に長けた優秀なマネジャー（コーゼーション型）ではなく、起業家（エフェクチュエーション型）タイプの人材だったのです。

魔の川・死の谷・ダーウィンの海

Devil's river, Death valley, Darwin's sea

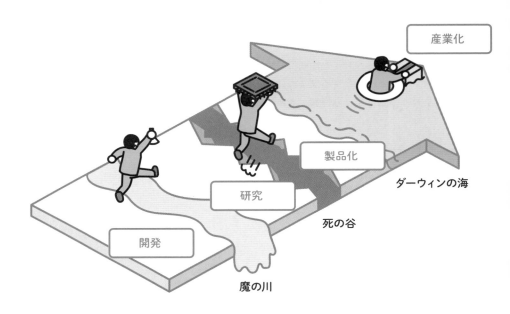

産業化

製品化

研究

開発

ダーウィンの海

死の谷

魔の川

CONCEPT

◉技術をもとにしたイノベーションを実現するために、研究開発から事業化までのプロセスで乗り越えなければならないとされる三つの障壁のたとえ。

◉基礎研究が製品化を目指す開発段階までつなげる困難さを「魔の川」、開発段階へと進んだプロジェクトが実用化されるに至るまでの困難さを「死の谷」、製品の市場投入から産業としての確立できるかどうかの関門を「ダーウィンの海」という。

POINT

フェーズごとに課題が異なるため、フェーズが変わるごとにマネジメント手法を変更することが重要。

関連ワード

◉ベンチャーキャピタル

◉VUCA

◉エフェクチュエーション

WHAT IS?

◉特にハイテク技術に立脚するイノベーションにおいては、3つの固有の関門を通り抜ける必要があることを指摘している概念です。第1の関門は、魔の川。大学などの研究所で生まれた技術のうち、産業界で使えるものはごく少数です。何が産業界で使えるかはかなり運任せなところがあり、悪魔に魅入られなかったかどうかである、という意味で魔の川（Devil's river）と呼ばれます。

◉第2の関門は死の谷（Death valley）。産業界で使えそうだ、となった技術のうち、製品化まで至れるものはさらに少数です。枯渇しがちな資源のなか、上手にマネジメントして製品化まで到達しなければなりません。人員や金銭、スケジュールのマネジメントが大切となるのです。

◉第3の関門はダーウィンの海（Darwin's Sea）。ダーウィンの唱えた進化論のように、生存競争のなかで適者生存・選択淘汰が起こります。進化を続けながら、産業競争のなかを勝ち進めば、ようやく事業化が果たされます。この第3関門では、売上を伸ばしていくために、マーケティングや経営戦略が大切となります。

CASE STUDY

ユーグレナ

◉ユーグレナの創業者、出雲充は東大在学時にバングラデシュに留学し現地の栄養失調の現実を目の当たりにします。その後、農学部に転部し栄養失調解決の糸口として出会ったのがミドリムシでした。

◉大学卒業後、2005年にユーグレナを起業。堀江貴文氏などから出資を受け開発を進め、ついにミドリムシの大量培養に成功します。魔の川を超えた瞬間です。

◉2008年、伊藤忠商事が本格的に資金援助を開始したことでユーグレナは世界初の技術をもつバイオベンチャーとして世間の注目を集めました。これが大きな転換点となり、その後も新日本石油や日立プラントテクノロジーなどとバイオ燃料の共同研究開発を行うこととなり、無事死の谷を超えることができたのです。

◉ユーグレナは栄養食品だけでなく今や化粧品、飼料、バイオマス燃料など様々な可能性を秘めています。どの市場で産業化するか、ダーウィンの海を越えられるかはこれからのユーグレナの成長にかかっているといえます。

資金調達
Venture Finance

エクイティ・ファイナンス

デット・ファイナンス

メリット
・返還義務がない
・財務体質の強化
・信用度の向上

投資家

デメリット
・経営権への影響
・株主への配当が生じる
・一株当たりの価値低下

メリット
・資金調達先が多い
・出資比率が変わらない
・経営権に影響がない

金融機関

デメリット
・返却義務がある
・返済期限がある
・利息が発生する

CONCEPT

◉事業には大きな資金が必要。資金調達のアプローチは3つ。①自分でお金を出す、②他人に出資してもらう、③金融機関から借りる。

◉②は、会社が自己資本として調達する「エクイティ・ファイナンス」。返済義務がなく起業家にはリスクが小さい。

◉③は返済義務や利子支払いがある「デット・ファイナンス」。出資比率を変えずに資金を得られる。

POINT

日本ではエクイティ・ファイナンスが少なく、起業にリスクがあることが課題となっている。

関連ワード

◉ベンチャーキャピタル
◉クラウドファンディング
◉ガバナンス

WHAT IS?

◉イノベーションの成否に究極的に作用しているのは、必要資源を集められたかどうかである、とする研究も少なくありません。人・モノ・金・情報を上手に集められれば、成功は大きく近づくのです。

◉とりわけ近年重要になってきているのが、資金調達です。社内ベンチャーであれば、経営層から資金を出してもらうかたちとなり、ベンチャーなどは基本的に社外から資金調達することになります。特にベンチャーの資金調達は大きくデット・ファイナンス（融資）：金融機関からお金を借りるかたちと、エクイティ・ファイナンス（出資）：投資家から株式と交換に資金を手に入れる方法があります。

◉あなたがベンチャーをするとして、1000万円の借金をして事業を行うか、それとも投資家から1000万円のお金を出してもらって事業を行うか、どちらがよいでしょう。返済義務がなく、投資家と一緒にチャレンジができる後者のほうが嬉しいのではないでしょうか。事実、海外ではエクイティ・ファイナンスが軸になっており、日本でも融資中心のスタイルからの転換が求められています。

CASE STUDY

Freee

◉小企業や個人などスモールビジネス向けのバックオフィス管理サービスを運営するFreee。その成功は、もちろんサービスがニーズに合致していたことが第一ですが、資金調達がスムーズにできたことも一因です。

◉Freeeは当時のトレンドであったフィンテック企業として、早くから投資家たちに注目されていました。アメリカの大手ベンチャーキャピタルやリクルートホールディングスなどから出資を受けるなど、当初から潤沢な資金をもとに成長することができたのです。

◉創業者にとってリスクの少ないマネーを得ることができ、その資金を元に優れた経営メンバーを揃えられたことが、Freeeの今の成功理由でした。エクイティ・ファイナンスにより成長したベンチャー企業の旗頭的存在といえるでしょう。

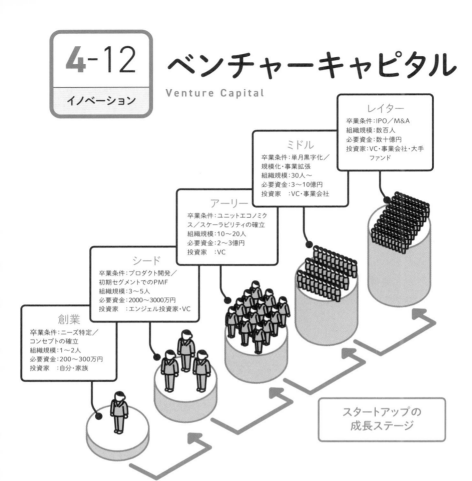

4-12 ベンチャーキャピタル

イノベーション

Venture Capital

創業
卒業条件：ニーズ特定／
コンセプトの確立
組織規模：1〜2人
必要資金：200〜300万円
投資家　：自分・家族

シード
卒業条件：プロダクト開発／
初期セグメントでのPMF
組織規模：3〜5人
必要資金：2000〜3000万円
投資家　：エンジェル投資家・VC

アーリー
卒業条件：ユニットエコノミク
ス／スケーラビリティの確立
組織規模：10〜20人
必要資金：2〜3億円
投資家　：VC

ミドル
卒業条件：単月黒字化／
規模化・事業拡張
組織規模：30人〜
必要資金：3〜10億円
投資家：VC・事業会社

レイター
卒業条件：IPO／M&A
組織規模：数百人
必要資金：数十億円
投資家：VC・事業会社・大手
ファンド

スタートアップの
成長ステージ

CONCEPT

●ベンチャーキャピタルとは、新しい市場をつくろうとするスタートアップ企業に出資する投資会社を指す。

●ベンチャーキャピタルは、投資家から資金を預かり、未上場のスタートアップに投資する。投資した企業が上場した際にキャピタルゲイン（投資額と株式公開後の売却額との差額）という形で利益を得る。

●スタートアップ企業はベンチャーキャピタルを利用することで起業に伴うリスクを抑えながら経営の助言が得られる。

POINT

ベンチャーキャピタルから出資を受けた場合、自由な経営が困難になるデメリットもある。

関連ワード

●資金調達

●魔の川・死の谷・ダーウィンの海

●M&A

WHAT IS?

◉エクイティ・ファイナンスの担い手であり、ベンチャー企業の成功を支える伴走パートナーがベンチャーキャピタルです。お金を出すだけでなく、取引先を紹介したり、戦略策定の支援をするなど、様々な支援を行います。

◉ベンチャー企業（スタートアップ）の成長ステージは創業・シード期、アーリー期、ミドル期、レイター期と区別され、それぞれの時期に必要となる資金規模は大きく異なっています。各ステージに対応するように、大小様々なベンチャーキャピタルが存在しており、それぞれの強みを生かしてベンチャーを支援します。

◉ベンチャーキャピタルとベンチャー企業が一緒になって目指すゴールは、IPO（上場）です。上場を果たし、株式に高値がついて売買できるようになれば、ベンチャーキャピタルも、創業者・経営チームも莫大な利益を得られます。また、上場ではなく事業会社による M&A をゴールとするケースも増えています。

CASE STUDY

ANRI

◉投資家から資金を集めベンチャー起業に出資する VC（ベンチャーキャピタル）のうちでも、日本で有名なのが ANRI です。オンライン印刷サービスのラクスルや YouTuber の芸能事務所 UUUM、オンライン学習サービスのスクーなど、今では広く知られたベンチャーを発掘し出資してきたことで知られています。

◉ ANRI の創業者・佐俣アンリ氏は起業家にとって事業のアイデアそのものはそこまで重要だとは考えていません。それよりも、そのアイデアを 100 倍規模にできるだけの熱が起業家の中にあるかどうかが重要だと考えています。

◉それゆえ「誰でも考えつくことを 100 倍の規模でやる」という熱意と工夫を要求する問いに、起業家自身がこたえられたかどうかを自分たちが出資するときの判断基準のひとつとしているようです。彼の VC が成功を収めていることを見る限り、これは起業の本質なのかもしれません。

5章

ビジネスモデル

ABOUT

いかに優れた商品、顧客志向のサービスを生み出したとしても、それを適切に生産・提供し収益化できないと意味がありません。製造を外部委託するのか、自社で完結させるのか。買い切りか、定額制か。ビジネスモデルはその全体像を構築します。

chapter **5**

Business Model

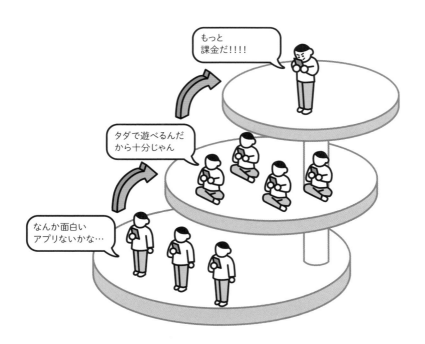

フリーミアム

無料を活用してどう収益化する？

ビジネスモデルキャンバス

Business Model Canvas

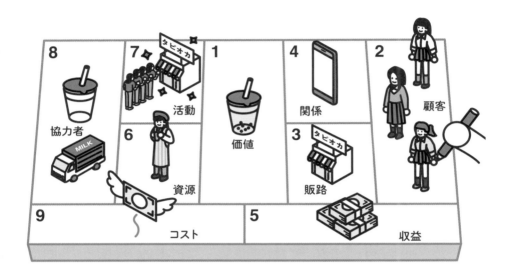

CONCEPT

●新製品・サービスを開発したのち、事業の全体像を明確化するために作成する。図を埋めることでビジネスモデルの全体像を設計することが可能になる。

●まずは製品・サービスの「価値」を確認する。

●次にその価値を提供する「顧客」を定める

●その後業務フローとして価値をどうやって提供するかを設計する。

●最後に収支を計算して事業が成り立つかどうか確認する。

POINT

ブロックの書き込みは「価値」→「マーケティング」→「バリューチェーン」→「収支計算」の順で行う。

関連ワード

●事業ドメイン

●4P

●バリューチェーン分析

WHAT IS?

◉新しい事業プラン「ビジネスモデル」を一から構想できることは、今日的なビジネス環境ではとても重要なスキルとなっています。その事業プラン構築において、現時点での最善の手法がこのビジネスモデルキャンバスです。

◉この手法では自然な思考順序で、事業プランとして必要なものを揃えていくことができます（ただし、原著では顧客から始めよとされますが、会社のヴィジョンをまず定めるべしという立場から、中心の「価値」から始める形を推奨します）。この順序の通りに文書やプレゼン資料を整えていけば、そのまま事業計画書となります。

◉従って、考えていく順序と、各要素の相互関係を正しく理解していないと、その価値を発揮しません（CASE STUDY を先に読んでもらったほうが腹落ちしやすいかもしれません）。間違っても左上からスタートしたりしないこと！　また、使えばたちどころにアイデアが湧きだすような「アイデア出し」のツールでもありません。あくまで理路整然と、必要なパーツを必要な順序で思考して揃えていくための手法です。

CASE STUDY

タピオカミルクティー

◉ここでは、一世を風靡したタピオカミルクティーを素材に、ビジネスモデルキャンバスの作り方の一例を紹介します。

◉まずは世の中に提案する価値を考えます。タピオカミルクティー屋さんの場合は、社会に提案される価値は「SNS映え」や「話題性」でしょう。この価値が定まると、自然と顧客も見えてきます。メイン顧客は女子中高生となるでしょう。顧客に知ってもらう最適な関係構築法はインスタグラムとなり、最適な販路は学生が通る路面店であることも、おのずと見えてくると思います。

◉一方で事業活動はどうでしょうか。価値が「映えと話題」ですから、自分たちがやるべき活動は映えと話題をつくることになります。具体的には店舗デザインやバズマーケティングが活動になり、そのための資源を構築します。

◉協力者としては、タピオカや茶葉、牛乳などはすべて調達になります。また、バズマーケティングのためにはインフルエンサーなどの協力も必要となってくるでしょう。

◉そして最後に、マーケティング側を総合的に勘案して収益予測を立て、一方で自社でやること・他者にやってもらうことを踏まえてコストを計算し、利益が出るかを調べます。このような順番で、ビジネスモデルを考えます。

5-02 プラットフォーム戦略

Platform Strategy

企業

出店&売上獲得

出店&売上獲得

出店&売上獲得

売れるほど企業が投資し、サービスとコンテンツが充実し、利用者が増えるというサイクル

サービスを利用

サービスを利用

プラットフォーム

サービスを利用

ユーザー・消費者

CONCEPT

◉特定の空間に供給者と需要者を集め、そのマッチングを行う場のことをプラットフォームといい、そこで収益を上げていく戦略をプラットフォーム戦略という。Googleが典型的。

◉オフラインの形もありうる。場において需給をマッチングさせるという意味では古くからの卸売市場もプラットフォームであるし、ショッピングモールや商店街もプラットフォーム戦略だといえる。

POINT

需要者・供給者の双方に明確なメリットを与えることが大切。

関連ワード

◉フリーミアム

◉エコシステム

◉サブスクリプション

WHAT IS?

◉近年になって登場した新しいビジネスモデルの典型例です。需要者と供給者を同じ「場」に集めて、マッチングさせることで経済的価値を生み出します。Amazon や楽天、YouTube、不動産の SUUMO、医療のエムスリーなどの例が有名です。

◉またインターネット空間だけではありません。任天堂の Switch もプラットフォームと呼ばれますし、イオンモールも需給をマッチングさせるプラットフォームサービスと位置付けられます。

◉プラットフォーム戦略に成功すれば、その市場の支配者となることができます。これは非常に魅力的ですが、それだけにプラットフォームのポジション争いは激しくなっています。需要者、供給者の双方に上手にアプローチしてユーザー数を増やしていく必要があるほか、供給者には当該プラットフォームをより効果的に使うための様々なサポートサービスを、需要者には滞留時間を増やすために様々な無料コンテンツを提供するなどして、魅力を高め続けていくことが求められます。

CASE STUDY

楽天

◉もはや日本人なら知らない人はいないほどのメガベンチャーとして成長した楽天は、ショッピングモールサイトとして日本でも稀有な成功を遂げることができた近年の成功企業のひとつです。

◉楽天のプラットフォーム上にはネットショッピングはもちろん、旅行、フリマ、金融、カード、自動車などありとあらゆるサービスがあり、生活に必要なすべてを済ますことができます。また、買い物などで貯めた共通のポイントもそれらのサービスで自由に使ったり貯めたりできるポイントシステムも特徴です。

◉ネット上の巨大な商店街と化した楽天には当然ながら多くの顧客が集まります。多くの顧客が集まれば商品やサービス提供者も儲かるので、楽天に出店する企業もどんどん増えていきました。そして、こうした好循環を継続していった結果、いまや国内最大級のプラットフォームとなり現在では1.6兆円もの売上高にまで成長したのでした。

サブスクリプション、SaaS、MaaS

Subscription Model, SaaS, MaaS

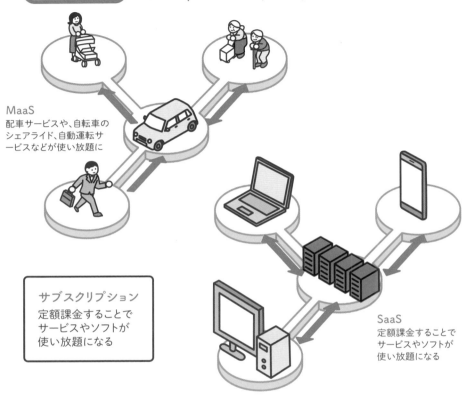

MaaS
配車サービスや、自転車の
シェアライド、自動運転サー
ビスなどが使い放題に

サブスクリプション
定額課金することで
サービスやソフトが
使い放題になる

SaaS
定額課金することで
サービスやソフトが
使い放題になる

CONCEPT

◉定額課金モデルのこと。サブスクと略される。リカーリングともいう。
◉所有したくない人が増えていることや、使うときだけ使いたい人に対応するように、従来の買い切り型から変化してきている。
◉ソフトウェアの定額課金モデルを Software as a Service で SaaS（サース）、自動車をはじめとした輸送機を Mobility as a Service で MaaS（マース）という。

POINT

現在ではベンチャー企業の多くがサブスク型となっており、今日的な収益モデルの基本形。

関連ワード

◉カスタマーリテンション
◉プラットフォーム戦略
◉フリーミアム

WHAT IS?

●筆者が行った調査によれば、サブスクリプション型はもはや日本のスタートアップの半数以上が採用しているビジネスモデルとなっています（2021年、三井住友信託銀行『スタートアップサーベイ』）。初期費用の大きさを嫌気する顧客と、安定収入を得たい事業者の双方にとってメリットがある形として、急速な普及を見せています。

●関連する概念に、「モノからコトへ」があります。モノの所有に人々が価値を見出さなくなり、必要なときに必要なだけ使えればよい、という動きが、このサブスクリプション型へのシフトを加速させています。ただし、必ずしもコト消費が増えたからといって、サブスクリプションが即座に正解になるわけではありません。買い切りたいモノ、所有したいモノも確かに存在しているからです。

●サブスクリプション普及のもう一つの背景は、決済システムの普及です。クレジット等で、毎月、少額からでも定額課金ができるようになったことで広がりを見せています。

CASE STUDY

マネーフォワード

●サブスクリプション方式の会計管理ソフトを展開するマネーフォワードは、BtoBのSaaS事業として日本初とも位置付けられる新時代のベンチャー企業です。

●これまでの会計管理は利用者が買い切り型のソフトを買う必要がありました。しかしその場合、税法が改正されるたびに買い直したりアップデートしたりする必要がありました。

●こうした問題を解決したのが月額課金型の会計ソフト、マネーフォワードです。買い切りではなく、退会するまで毎月決まった額を払う必要がありますが、定期的なアップデートで機能を補強できるのが強みです。また、わざわざ数値を入力する必要はなく、登録したネットバンキングやクレジットカードと同期し明細を自動で反映させてくれるため手間がかかりません。

●また、無料版でも充実した機能がそろっており、手軽に試すこともできます。その意味ではフリーミアムモデルの事例としても特筆すべきものがあります。

フリーミアム

Freemium

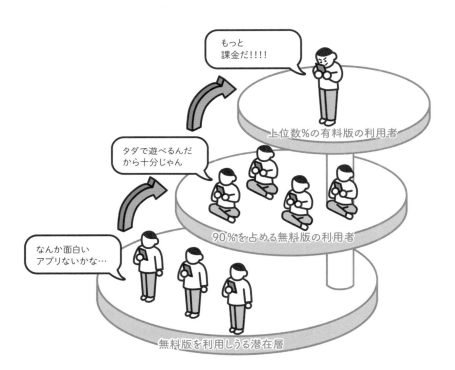

CONCEPT

◉無料版で人を集め、一部のコアユーザーから集金するビジネスモデルのこと。

◉一部機能を有料化するかたちや、「ガチャ」や「アイテム」に課金するかたち、広告モデルで稼ぐかたちなどがある。

POINT

無料にすることによる利用者のすそ野を広げることと、有料版への移行を促すことの2つを同時に行う。

関連ワード

◉プラットフォーム戦略

◉補完財（ジレットモデル）

◉サブスクリプション

WHAT IS?

◉「基本無料」の普及力は爆発的です。1円もかからないのであれば、誰しもがまずは手に取ってみようとするからです。この無料がもつ訴求力を武器に認知を広め、そのうちの数%を有料へと誘導することで、事業を成立させるのです。

◉ 2000 年代頃から、オンライン空間上、特にゲームなどから広がりました。ユーザー数を集めるために基本料金無料で提供し、アイテムなどで課金させます。今日では、ビジネス用ソフトでも基本無料のものが登場するようになっており、一般的なビジネスモデルとして定着しました。

◉ Facebook や Google が広告料収入で成功を収めていることに注目が集まりがちですが、現実には、広告モデルに成功している事例は、思いのほか多くありません。Twitter ですら十分な収益を上げられていないことを知っておきましょう。

◉狭義のフリーミアムは「基本無料、一部有料」の収益モデルだけを指し、アイテム課金型や広告モデルを含まないものとします。近年は、無料を活用するビジネスモデルのことを広くフリーミアム型と呼ぶことが増えており、本書もこちらを採用しました。

CASE STUDY

食べログ

◉飲食店専門のユーザー口コミ評価サイトである食べログは、2005 年のサービス開始から基本的に無料です。現在では、近隣の美味しい店舗探しの標準ツールとして広く世の中に広まっており、月間利用者数は1億1000万人を誇ります。同様のサービスの中では圧倒的なシェアを獲得している人気のサービスです。

◉そのうち有料会員は126万人です。有料会員になると無料会員では5位までしか見られなかったランキングがすべて見られるようになり、口コミ数や点数順などでソートもできるようになります。また、無料会員より割引率の高いクーポンがもらえるなどのメリットもあります。さらにそうした機能が30日間無料で試せるというのも無料会員が有料会員になる心理的ハードルを下げる効果を担っています。

◉基本無料にすることで広く世の中へ普及させること、そこからヘビーユーザーへ有料会員化の誘導をすること、その両方を上手に調整したフリーミアムモデルの好例といえるでしょう。

OEM

Original Equipment Manufacturer

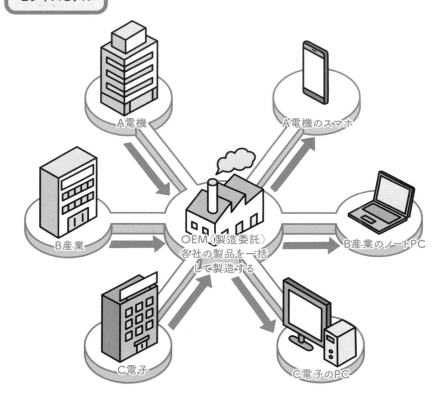

A電機

A電機のスマホ

B産業

OEM（製造委託）
各社の製品を一括
して製造する

B産業のノートPC

C電子

C電子のPC

CONCEPT

- 製造委託のこと。複数の企業から生産を受諾する。
- 電機業界ではElectric Manufacturing Service：EMS、半導体ではファウンドリ（Foundry）とも呼ぶ。
- 今日では生産だけでなく設計や調達も行う。設計もする、という意味でODM（Original Design and Manufacturing）とも呼ぶ。

POINT

OEMを利用することで自社で生産能力を持たずともよくなり、利益を出しやすくなる。

関連ワード

- SCM
- 損益分岐点
- SPA、垂直統合

WHAT IS?

◉製造委託は 1990 年代から広がりをみせたビジネスモデルです。台湾がそれを先導しており、半導体の TSMC、iPhone の全量を生産する鴻海、ディスプレイ生産の AUO などの企業が代表的です。

◉ブランド力があり、技術・開発を行っている企業からすれば、製造を自社でもたずに他者委託でつくれるのであれば、そのコスト効果は非常に大きいです。工場をつくるには莫大な費用がかかり、その後も固定費がかかり続けます。それらのコストをすべてかけずに済むからです。

◉製造委託を受ける側も、自社のもてる生産能力の中で、受注をうまく調整していけば、高い稼働率を維持できます。合理的な分業体制であるといえます。

◉【注意】自動車産業など一部業界では、トヨタ自動車や VW などの「完成品メーカー」のことを指して OEM と呼びます。語源は同じですが用法が異なっていることから、相手との会話の中では誤解を生まないよう注意しましょう。

CASE STUDY

TSMC

◉ TSMC は、半導体産業で初めて OEM（ファウンドリ）という事業モデルを導入した画期的企業です。2021 年、熊本に 8000 億円の工場を建設することでも話題となりました。

◉それまでの半導体産業では垂直統合、すなわち製造を自前で行う以外の形はありませんでした。そのため、いかにして製造設備の投資を回収するかが経営上の最大のポイントでした。台湾の国際会社として設立された TSMC は、この問題に対し設計と製造の分離という事業モデルを提案することで解決を図ったのです。

◉ TSMC は世界の半導体企業の製造を受諾して、工場の稼働率を安定させます。一方、世界の半導体企業は、TSMC に製造を委託することで固定費を削減、黒字の出やすい体質に切り替えることができました。こうして、半導体業界では急速に製造と設計の分業が進みます。業界の構造を転換させた、歴史的事例です。

SPA、垂直統合

SPA,Vertical Integration

企画

調達

SPA
これら全ての
プロセスを自社で
完結させる

販売

製造

店舗運営

物流

CONCEPT

●SPAはもともとアパレル産業固有の用語で、自前で生産まで行うアパレルブランドのことを指していた。今日ではSPA型ビジネスの名前で、他の製造と小売で分業が一般的だった業界での製販統合モデル一般に用いる。

●経営学の用語では垂直統合と呼ばれる。

POINT

製造を自ら行うことで他者にできない差別化やコストダウンを行う。

_____

関連ワード

●OEM

●規模の経済、範囲の経済

●SCM

WHAT IS?

◉ Speciality Store Retailer of Private Label Apparel のことですが、原語は覚えなくてよいです。世界共通で単に SPA と呼びます。言葉の元の意味は失われ、産業問わず製造と小売を一貫で行う業態のことを、SPA 型と呼びます。

◉ OEM とはちょうど真逆のビジネスモデルとなります。製造と開発・販売を分離することでメリットを生み出すのが OEM ですが、逆にこの製販分離型が一般的な業界では、製販統合を行うことで他者と差をつけることができます。

◉その戦略的効果は様々であり、どこに狙いを定めるかで形が変わってきます。ユニクロの SPA はコストダウンのため。ZARA の SPA は、市場ニーズを即時反映した製品をつくり、かつ物流を自前で行って消費地にすぐに届けるためです。なぜ SPA とするのか、の理屈をもっての実行が大切となります。

CASE STUDY

ニトリ

◉ 1967 年に創業したニトリは、北海道を代表する企業のひとつで大手の家具やインテリアの小売店です。

◉それまでの家具業界では製造と販売が分かれていましたが、自前の工場という生産設備を持ち、企画・製造・販売まで自社で管理できるのがニトリの強みです。自社工場で家具を大量生産することができるため「規模の経済」（大量生産により、製品ひとつあたりの生産コストが下がること）を実現し、安価で高品質の家具を販売することに成功しました。家具業界での典型的な SPA の例です。

◉ニトリはさらに物流までも統合しています。製造から店舗までの物流をもつほか、顧客のもとまでの物流も担います。これによって、他社よりも高効率な物流システムを構築でき、いっそうのコスト競争力を獲得しています。品質とコストの両面で突出しているニトリは、日本の家具業界で断トツ 1 位の 55% の売上シェアを誇っています。

5-07 ドミナント出店

ビジネスモデル

Domination Strategy

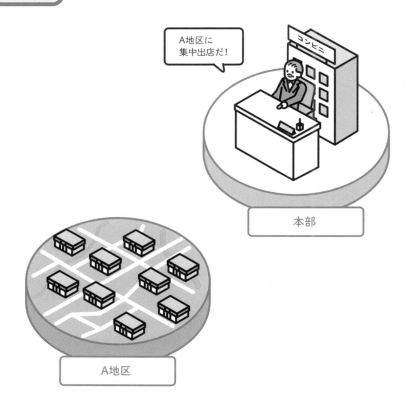

A地区に
集中出店だ!

本部

A地区

CONCEPT

◉ある地域に集中的に出店することで、認知度向上といったマーケティング的効果を得るのみならず、配送効率や地域集約倉庫建設といった物流面での優位性も得られる戦略。

◉小売りや外食産業における出店戦略の基本形として知られる。

POINT

ゆっくり進めても効果は得にくく、スピードが勝負になる。

―――――――――――――――

関連ワード

◉フランチャイズ

◉SCM

◉アテンションエコノミー

WHAT IS?

◉外食チェーンで考えてみましょう。東京、大阪、福岡に1店舗ずつ展開するのと、都内限定で渋谷、新宿、六本木に展開するのでは、どちらが効率的でしょうか。特に物流のことを考えれば、都内にだけ進出するほうが合理的であることがわかるでしょう。

◉一気にその地域を占拠しようとすることから、フランチャイズと相性のよい手法であることもわかっています。フランチャイズならば、自前で店舗建設費用を出さなくても、地域で経営者を募集すればよいためです。

◉特定地域での認知度向上や、物流効率改善のためには、ゆっくり進めても効果は得にくく、1年程度の短期間のうちにそのエリアで一気に出店することが必要となります。流行っているチェーン店が急速に店舗数を増やすのはこのためです。それだけリスクも大きく、拡大戦略の裏付けとなるサプライチェーンの確保も大切となります。

CASE STUDY

セブンイレブン

◉言わずと知れたコンビニ業界の王者・セブンイレブンはドミナント出店を戦略として確立させた企業としても知られています。

◉特定の地域に集中的に出店するドミナント出店は、一店舗あたりの売上は下がりますが、配送コストも下がり販売時間に合わせた商品の配送計画も楽になるという物流上の合理性があります。また、フランチャイズであれば店舗費用はオーナー持ちであるため低コストでの出店が可能になります。

◉また、地域で独占的に出店できていれば、新商品のテスト販売をエリア限定で行い効率的に顧客の反応を確かめることもできます。

◉直営店とフランチャイズ店、その両方を活用しながら攻略対象とする地域を決め、集中出店することで他店を駆逐し、その地域での経営を採算に乗せる手法でここまでの一大チェーンとなったのです。このような出店方式は、今や小売や外食業界の出店戦略の基本となっています。

QCD
Quality, Cost, and Delivery

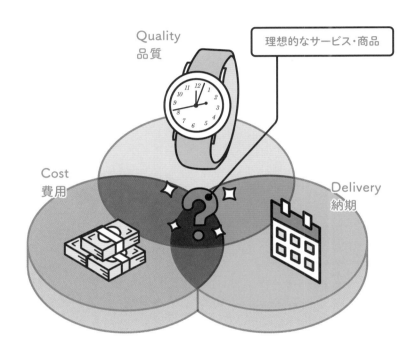

Quality
品質

理想的なサービス・商品

Cost
費用

Delivery
納期

CONCEPT

●品質（Quality）、費用（Cost）、納期（Delivery）の3要素のことで、古くから生産管理分野における基本指標となっている。

●今日では、製品開発や、ビジネスモデル全体の設計においても、QCDを最善のバランスに整えることが成功の鍵となっている。

POINT

品質ばかりを重視しない。同様に、コストや納期など特定の1つに固執せずバランスよく見る。

関連ワード

●ビジネスモデルキャンバス
●バランス・スコアカード
●クロスファンクショナル

WHAT IS?

◉ もともとは製造現場の概念で、互いにぶつかり合いやすい品質・費用・納期の3要素のバランスをとった生産活動が望ましいとされました。今日ではQCDの概念は幅広く製品開発や新事業構想にも応用されています。どうしてもバランス感覚を失いがちな中で、全体最適を考えることの大切さが説かれています。

◉ たとえば映画やゲーム制作です。こだわりの強い専門人材が揃う中で、品質ばかり高め過ぎないで、うまく予算内に収めることや、納期に収めることも求められます。あるいはファストフードのオペレーションにおいて、とにかく安く、早く提供することばかり考え、品質を犠牲にしては顧客が離れてしまいます。

◉ 顧客にとっての、QCDの最適なバランス探しが大切となります。そしてそれは、日々、変わり続けていくため、常に顧客の声をチェックしていくことが大切となるのです。

CASE STUDY

オービック

●オービックは、驚異の60％越えの営業利益率を誇る総合業務ソフトウェアの老舗です。その独自の経営は、業界の一般的な企業とは一線を画するQCDのバランスに秘訣があります。

●業務ソフト業界では、ソフトをクライアント向けにフルカスタマイズすることが一般的です。しかしフルカスタマイズは品質こそ望んだ通りのものが得られるかもしれませんが、非常に時間もかかり、またその分のコストもかかってしまうのがネックとなります。

●そういった業界の中であえてパッケージで提供することがオービックの経営の特徴です。すでに確立されたパッケージを土台とし、顧客向けには若干のカスタマイズを行います。それにより、品質を安定させ、コストを抑えるとともに、業界でも異例の短納期を実現しています。競合に突出するQCDパフォーマンスで、一般に営業利益は10％前後とされるシステムインテグレーション業界にあって、圧倒的な高業績を実現しているのです。

フランチャイズ

Franchise Model

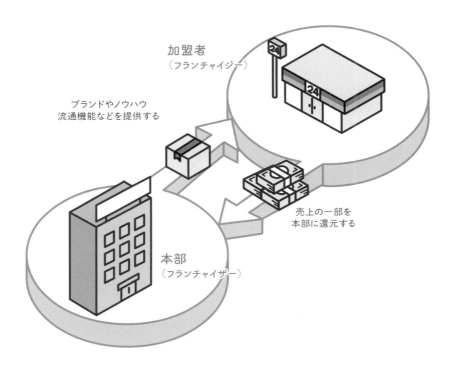

加盟者
（フランチャイジー）

ブランドやノウハウ
流通機能などを提供する

売上の一部を
本部に還元する

本部
（フランチャイザー）

CONCEPT

● ブランドや業務ノウハウなどを一式のパッケージ「業態」にして提供し、それを別の事業者が活用して事業を行う形態。業態を提供する側をフランチャイザーといい、それを使って事業を行う側をフランチャイジーという。

● 本部はパッケージのほか、共同での調達機能や物流機能、管理システムなどを提供する。対価として、定額あるいは売り上げの数％を手にする。

POINT

双方にとって、足りない資源を補ってもらって成長できる事業システムである。

関連ワード

● 規模の経済、範囲の経済
● ドミナント出店
● SCM

WHAT IS?

◉ラーメン屋のチェーン店を展開していて、手元に資金が50万円しかないとします。当然、この資金では次の店舗を立ち上げることはできません。そんなときに使うビジネスモデルがフランチャイズです。本部には資金がなくとも、競争力ある商品、店舗コンセプト、サプライチェーンなどが整っていれば、それをパッケージとして提供することで、拡大を目指せるのです。

◉フランチャイジー側にもメリットはあります。自分で1からビジネスを立ち上げなくとも、すでに成功しているビジネスモデルを借りて、事業をスタートさせられるからです。

◉契約上の縛りをどれくらいきつくするか、また対価（ロイヤリティー）をどれくらい求めるかには非常に大きな幅があります。一般に、成功確率の高い＝競争力の高いチェーンほど、フランチャイジーに対して強気の交渉ができることから、ロイヤリティーは高率に設定される傾向にあります。双方に利益のある適切なバランスの発見がフランチャイズ発展の鍵となります。

CASE STUDY

ECCジュニア

◉ 1962年に創業したECCが1980年より展開する子供向け英語塾ECCジュニアは、主婦が自宅を使って英会話スクールを開講する、という仕組みを構築し、フランチャイズ方式で日本全国を席巻しました。

◉英会話を教える場所は自宅であるため、企業側の設備投資が少なく済み、また英会話を教える主婦を雇用するわけでもないので講師の人件費もかかりません。

◉また、フランチャイジー側の主婦としてもパート代ほどの収入が得られればよく、生徒も幼児から中学生までであるため資格不要のハードルの低さもメリットです。

◉このようにフランチャイズ方式のメリットを企業と働き手の双方が最大限享受でき、子育てやWワークなどと並行できる多様な働き方にも対応しているため、英会話塾業界で躍進することができました。

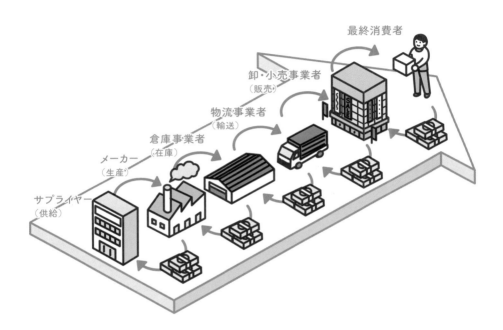

最終消費者

卸・小売事業者
（販売）

物流事業者
（輸送）

倉庫事業者
（在庫）

メーカー
（生産）

サプライヤー
（供給）

CONCEPT

◉どんな会社でも、各種材料や設備、サービスなどを調達し、自社の製品・サービスをつくり、提供するまでのフローが存在する。これをサプライチェーンという。

◉サプライチェーンを流れるモノ・金・情報を上手に管理し、効率化を行っていくことをサプライチェーンマネジメントという。

POINT

局所的な問題を個人の根性・工夫・知恵で解決するのではなく、全体最適を高度な仕組みで達成する。

___

関連ワード

◉QCD

◉DX

◉ブロックチェーン

WHAT IS?

●急速に展開していた外食チェーンが、その末端で品質を落とし、急速にしぼんでいくことがあります。その原因は、「兵站線の延び」です。すなわち、事業の急速な拡大に対して、人・モノ・金・情報が現場まで十分に行き渡らなくなるのです。

●安定した成長のためには、人・モノ・金・情報の安定供給とその着実な成長が欠かせません。この意味で、SCM の第一歩は、効率化よりも先に、安定した供給能力の確保です。

●これが実現できた先に、プロセスの最適化による効率化が力を発揮します。結果に不確実性が伴うマーケティング・営業活動と比べ、サプライチェーンの仕組みの改善は確実度の高い、結果の出やすい改善であることから、財務体質の改善には SCM から手を付けるのが鉄則です。

●特にモノと金の流れにおいては、先端的な数学モデルが応用されるくらい科学的な分野となっており、高度な専門知識をもった人材がその技を競う世界となっています。

CASE STUDY

しまむら

●アパレル業界では、一般的に、マネジャーやバイヤーの美的センスで、消費者を惹きつけられるかが勝負になります。これに対し、しまむらは「サプライチェーン」で他社との差別化に成功しました。

●しまむらは 1980 年代には物流に IT を導入。コンビニなどでも使われている単品管理（POS システム）を導入し商品の需要予測能力を高めました。また、自前で倉庫を整備するなどして、製品が売れる地域に売れるだけ配送する仕組みをつくりました。それだけでなく店舗間の配送も行い、売れ残った製品を別の店舗で売り切ることができるという強みも得ました。

●さらにはメーカーに対し一切返品しないことを鉄則とし、そのポリシーによってメーカーから優良取引先と認識されるようになりました。メーカーは良い商品を優先的にしまむらに流すようになり、鮮度の高い商品を安く店頭に揃えられるようになったのです。このような取り組みによりしまむらはファーストリテイリングに次ぐ国内第 2 位の売上を誇るアパレル小売企業となりました。

補完財ビジネス（ジレットモデル）
Compliments (Gilette model)

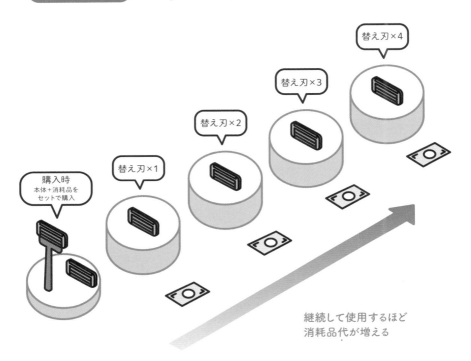

替え刃×4

替え刃×3

替え刃×2

替え刃×1

購入時
本体＋消耗品を
セットで購入

継続して使用するほど
消耗品代が増える

CONCEPT

●髭剃りのジレットが初めて採用したことで知られる。本体を安くして普及させ、消耗品のほうで収益を上げるビジネスモデル。プリンタなどで採用されている。
●本体と補完財に商品を分けることができるかどうかが、このビジネスモデルを使えるかどうかのポイント。
●近年では定期購入型のサブスクリプションに近いものも登場している。

POINT

補完財で他社製品が使えてしまうと、利益を取りこぼす可能性がある。

―――――――――――――――――

関連ワード

●顧客生涯価値（LTV）
●サブスクリプション
●エコシステム

WHAT IS?

◉補完財とは、商品本体の価値や魅力を高めることができる付属品。ゲーム機本体とゲームソフト、歯ブラシと歯磨き粉、髭剃りと替え刃などが、本体と補完財の例。

◉定額課金のサブスクリプションに対し、ジレットモデルは従量課金型です。「消耗品ビジネス」とも呼ばれるように、本体を安くして（ときには無料で）普及させ、消耗品のほうで儲けるかたちです。

◉ジレットモデルの適用範囲は、一般消費者向けの消費財だけではありません。建設機械分野で、故障しやすい部位の補修部品とメンテナンスを収益の柱にしたコマツなどの事例もあります。

◉他社製品への乗り換えをさせなくする工夫が事業のポイントとなります。技術的に、他社製品との互換性をなくして自社製品だけしか使えなくするほか、このメーカーから買い続けたいと思わせるだけの魅力を提示し、良い意味で、顧客を自社製品に「ロック・イン」（閉じ込められた）状態にします。顧客が、自社と長い関係を続けていきたいと思うとき、このジレットモデルは良く機能します。その意味で、顧客生涯価値 LTV の発想と相性のよいビジネスモデルです。

CASE STUDY

セイコーエプソン

◉セイコーエプソンが 1996 年に発売したインクジェットプリンターにより安価な家庭用プリンターの需要が爆発的に増えました。この製品は本体を安くし、消耗品であるインクを継続的に買ってもらうことで収益をあげる事業モデル（ジレットモデル）を確立し、このプリンターによりセイコーエプソンは世界を席巻しました。

◉ジレットモデルは自社の消耗品を買ってもらえなければ成り立ちません。そのためこのモデルに対抗すべく様々な製品が考案されました。たとえば他社のプリンターでも使える互換インクや、中身だけを詰め替えられるカートリッジなどです。

◉そうした中、セイコーエプソンは純正品インクの品質アップなどに取り組んでいましたが、近年では自らジレットモデルを崩すようなビッグタンクプリンタを発売しています。これは大容量のインクを詰めたタンクを搭載したプリンターで、本体は高額ですがこまめなインク交換の必要がないため大量印刷を必要とする人に向いた商品となっています。

三方良し

Win-Win-Win

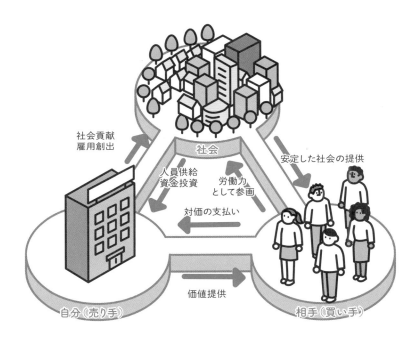

社会貢献
雇用創出

安定した社会の提供

社会

人員供給
資金投資

労働力
として参画

対価の支払い

価値提供

自分（売り手）

相手（買い手）

CONCEPT

◉近江商人の経営哲学。売り手に良し、買い手に良し、社会に良し。

◉事業が存続できるかは、会社に継続的に人・モノ・金・情報が入ってくるか、顧客がつくか、自分たちがちゃんと収益をあげて継続できるかであるから、その3つの事業の原資に対して均等にケアをすることがよいビジネスモデルの基本となる。

POINT

三方には自分たちも含まれる。自分たちがやりたいことができ、収益を上げられるかも大切。

関連ワード

◉CSR/CSV

◉ビジネスモデルキャンバス

◉ESG

WHAT IS?

●キレイゴトでもなく、不思議なミステリーがそこにあるわけでもなく、ごく合理的・論理的な理由から、三方良しこそが事業の長期発展・安定の鍵であることが明らかになっています。

●顧客が幸せにならなくては、事業が存続できないのは当たり前です。自分たちがしっかり稼ぐことができ、かつ、従業員がやりたいことをやれていなければ、やはり企業として存続はできません。

●では、社会はどうでしょう。自社の発展には、金融機関や投資家からの資金調達が必要不可欠です。地域から存在を許されていなければ事業継続はできません。職務がブラックであり、人を使い捨てにしていては、人が集まらなくなります。自然環境を破壊する企業は、社会が受け入れないでしょう。そのように考えれば、すべてのステークホルダーに対して配慮のあるビジネスを構想し、実行しなければ、企業は成長などできないことが分かるでしょう。

CASE STUDY

松下電器産業　松下幸之助

●松下電器産業（現・パナソニック）の創業者・松下幸之助は、長年事業を行う中で、企業の長期存続の鍵が、関わり合うすべてのステークホルダーを幸福にすることであると気づき、その経営哲学の普及に努めました。

●企業にとっての人材、資金、物資など、あらゆる経営資源は、すべて社会が生み出したものであり、企業はそうした資源を社会から預かり事業活動を行っている以上、社会と共に発展し、その活動は透明で公明正大なものでなければならない、としています。

●パナソニックでもその方針は貫かれ、従業員、販売店、顧客、金融機関から政府まで、すべての関係者の利害を調和させ、共に発展していくべきであるとされました。また、松下幸之助の商品を大量に生産・供給することで価格を下げ、人々が水道の水のように容易に商品を手に入れられる社会を目指すという松下の経営哲学は「水道哲学」とも呼ばれました。

エコシステム

Ecosystem

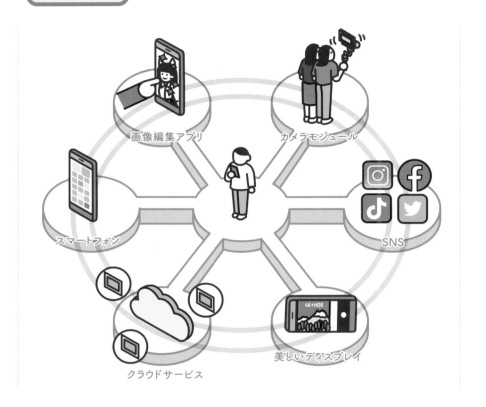

画像編集アプリ

カメラモジュール

スマートフォン

SNS

クラウドサービス

美しいディスプレイ

CONCEPT

◉生活様式の変化などにより、顧客が求めるものが「単独の製品」から「複数の製品・サービスによる総合的な価値提案」に変わりつつある。

◉そうした、総合的な価値提案ができるような企業間連携による生態系「エコシステム」を構築できるかが今日のビジネスモデルの鍵となりつつある。

POINT

1社で価値を提供し切ろうとするのではなく、企業間協力を最大限活用する。

関連ワード

◉DX
◉経験価値
◉バリュー・プロポジション・キャンバス

WHAT IS?

◉米国の経営学者アドナーが提唱する、最先端の経営理論。顧客は今日、単一の製品ではなく、複数の製品が織りなす価値提供の生態系「エコシステム」から価値を得ています。今日では、写真は撮影だけで顧客体験は完結していません。撮影し、保存し、編集し、鑑賞し、共有し、交流することまでが写真の価値であり、スマートフォンはこれを様々な企業との連合で提案しているのです。単独の製品として、カメラがどれほど頑張ろうとも、太刀打ちできないということです。

◉「写真を撮る」とか「音楽を聴く」「ショッピングを楽しむ」といった顧客の行動をよく観察し、どんな価値の体系を顧客が求めているのかを理解します。それに沿って、企業間で連合を組み、エコシステムとして提案をします。

◉デジタル化により、消費者の生活様式が大きく変わっていることが、エコシステム戦略がいま要求される理由です。

CASE STUDY

イオンモール

◉様々な企業との連携によって、顧客が抱くニーズに総合的にこたえるエコシステム。これを商空間に取り入れて大きな成功を収めたのがイオンの複合型巨大ショッピングモールです。

◉イオンの理想とするショッピングは「ワンストップ・ショッピング」というものです。これは顧客の生活に必要なものがすべて一ヶ所で揃うショッピングセンターです。郊外型ショッピングモールの可能性にいち早く気づいたイオンは外食店舗、アパレルブランド、おもちゃ屋、本屋、美容室やペットショップなど様々な業界の小売店と連携して、この理想を実現化するイオンモールを全国各地に生み出しました。

◉今では様々な専門店に加え、映画館などのエンターテインメント施設、クリニックやエステなどの健康・美容施設、広場やカルチャースクールなどのコミュニティや学びの場を複合させるモールも出現し、1日いても飽きない体験のできる場となっています。

6章

組織行動論

ABOUT

組織の中の、人の心理と行動を科学するのが組織行動論。人は、どんな目標を持ち、どんなことに動機を感じ、どう成長し、どう他者と協働するのか。組織の中で活躍するための様々なヒントが、そこから得られるでしょう。

chapter 6

Organizational Behavior Theory

共通のビジョン

ダイバーシティ＆インクルージョン
組織の多様性は「価値観」「性別」「人種」など色々

6-01 動機付け

Motivation

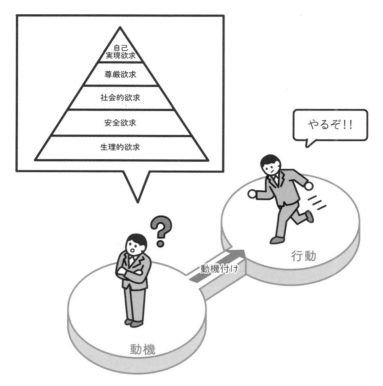

CONCEPT

●個人を動かす力、ひいては組織を動かす力の原点となるのは、心がそれを実行しようと思うこと。すなわち、動機（モチベーション）。

●人間の基本的な動機は「お金がもらえるから」。ただし、人の複雑な心理を満たすためには、マズローの欲求段階説などに代表されるように、様々な動機を満たすことが大切になる。

POINT

動機付けの理論は数々あるが決定版はない。相手にとって適切かどうか考えながらきめ細やかに対応する必要がある。

関連ワード

●キャリアアンカー
●心理的契約
●ジョブ・クラフティング

WHAT IS?

●組織行動論とは、「組織の中で、人がどう感じ、考え、行動するか」の科学です。皆さん自身がどう働くかを考えるときや、組織として人をどう管理するかを考えるときの、科学的出発点になるものです。その第一歩が、人の動機付けです。

●電気やガソリンが供給されれば動く機械とは違って、私たちはカロリーを摂取しただけでは行動できません。高度に発達した脳をもつ人間は、自ら意思決定しなければ行動できないのです。この意味で、個人の行動、ひいては組織の動作の起点となるのが、動機です。

●動機付け理論には様々なバージョンがあります。最も有名なものはマズローの欲求段階説でしょう。人間は動物的な生理的欲求、安全欲求からはじまり、関わり合いが欲しいという社会的欲求、認められたいという尊厳欲求へと進み、最後には自己実現したいと欲求をもつ、というものです。

●ただし、マズローの説をはじめ、科学的な「決定版理論」は動機付け理論には存在していません。その重要な理由は「私たちは一人ひとり、違っているから」です。人によっては、お金を稼ぎたいことが動機になるし、また別の人にとっては、楽しみたい、が動機になります。マズローの理論なども、「人間とはこういうものだ」と理解するよりも、「自分はどうかな？」と考えるための起点とすべきものといえます。

CASE STUDY

イーロン・マスク

●電気自動車企業テスラや宇宙開発企業スペースXなどを創業した実業家。彼はすでに世界の長者番付1位になるほどの莫大な資産を有しており、社会的な知名度も抜群、実績も十分で一般人からするともはや働く動機などないように思えます。しかしテスラの経営に関わり続けているのはもちろん、ツイッターの買収など自分が正しいと信じて様々な行動を続けています。

●彼の行動原理をマズローの段階欲求説で考えてみると、安全欲求でもなければ、社会的欲求、尊厳欲求でもなく、ひたすらに自己実現欲求であることがわかります。明け透けにいえば、自分のつくりたいように世界をつくり変える、という純粋な動機のもと、行動は常に一貫しています。そんな人間であるからこそ抜群の行動力で物事を実現していけるのです。働く動機とは何かについて考えさせられる事例であるといえます。

6-02

キャリアアンカー

Career Anchor

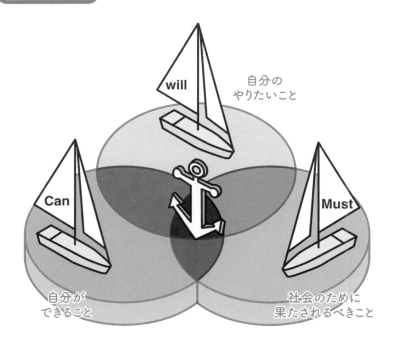

CONCEPT

◉ アンカーとは「錨」。キャリア（職業人生）という海原にあって、座標を見失わないようにするもの、それがキャリア・アンカー。

◉ 自分の働く意味を探す、あるいは自分の天職を探す際に確認すべき点。

◉ 自分にとって「Will（やりたいこと）」「Can（できること）」「Must（社会のために果たされるべきこと）」の3つの質問から考えていく

POINT

「自分が働く意味」を確認するためのものであり、他人にやらされても効果は低い。

関連ワード

◉ 動機付け

◉ エンパワーメント

◉ ダイアログ、対話

WHAT IS?

◉ Will、Cam、Must で WCM などとも呼ばれ、天職探しの基本モデルとして知られます。起業に際して、自分の動機を確認するにも有用です。

◉働く理由は人それぞれであるということは、前節で触れた通りです。であるならば、よい職業人生を歩みたいと思うならば、自分でそれをデザインするしかない、というのがキャリアアンカーの発想です。自身に自らのやりたいことを問い、自分ができることを問います。しかし、それだけでは人に必要とされる仕事にはならないため、最後に「社会から必要とされること」を問います。この3つの問いの交点こそが、自分の天職となります。

◉天職は、時間と共に変わっていくでしょう。やりたいことも、できることも、社会にとって大切だと思うことも、変わってくるからです。その意味では、定期的にこの3つの問いを問い直すことが大切になります。ただし、「自分で気づく」から意味のあるものであることを強調しておく必要があります。他人に WCM をやることを強制され、少しでも「やらされ感」を感じた瞬間に、この手法は効果を失います。極めて主体的に、自己の軸を探すのだという意志のもとで使われるべきです。

CASE STUDY

クリント・イーストウッド

◉クリント・イーストウッドは若い頃は俳優として名を馳せ、中年期には映画監督としても有名になりました。また、プロデューサーを務めることもあるばかりか、ピアノの腕もプロ級であるため作曲や作品の音楽全般を担当したこともあります。さらには 1986 年から 1988 年にかけてはカリフォルニア州のカーメル・バイ・ザ・シー市の市長も務めました。年をとるにつれ、本業の映画以外の領域にも挑戦し、様々なことを手掛けていますが、その取り組みは一貫しています。

◉彼は自分が獲得した知識・技能（Can）のもとで、そのときに自分がやりたいと思うこと（Will）を、社会にとって望ましいこと（Must）をメッセージを投げかけるかたちで実践しています。キャリアアンカーのバランスを充足させた活動をしているといえます。

◉その結果が『許されざる者』『ミリオンダラー・ベイビー』でのアカデミー賞監督賞の受賞などに結実しているといえます。

ジョブ・クラフティング

Job Crafting

認知の
クラフティング

関係の
クラフティング

作業の
クラフティング

CONCEPT

◉働く動機も一人ひとり違えば、やりたい働き方も異なる。ならば、究極的には一人一人が自分の働き方をデザインするしかないというもの。

◉業務内容自体を意味する作業のクラフティング、仕事における他者との関わり方すなわち関係のクラフティング、仕事の捉え方である認知のクラフティングの3層からなる。

POINT

職務のうちで自分でデザインできる部分は決して少なくない。

関連ワード

◉動機付け

◉キャリアアンカー

◉心理的契約

WHAT IS?

●ジョブ・クラフティングもまた「働き方は人それぞれ」という考え方にもとづく経営理論です。キャリアアンカーが「長期的な天職探し」であるのに対し、ジョブ・クラフティングは「いま、自分が取り組んでいる仕事を、自分に合ったものにする」ための手法です。

●あなたが思うよりも仕事のカスタマイズ余地は大きいものです。もちろん、安全に関わることや品質に関わることを気軽に変えてよいわけではないですが、可変の部分、不変の部分をよくよく吟味し、可変の部分を自分のやりたい働き方に再構築することで、「働く」を自分のものにするのです。

●作業のクラフティングとは業務自体の内容。学びや成長のある形にしたり、より効率的にしたり、ミスの出ない形にしたりと、聖域なく見直します。関係のクラフティングは人との関わり方です。より深く関わりたいこともあれば、あまり関わりたくないこともあるでしょう。これを与えられたものとしないで、自分なりにデザインするのです。

●最後は認知の部分です。仕事の意味や、自分が働く意味を捉え直します。すべては捉え方次第で、ここが変わるだけで世界は明るく見えてもくるのです。

CASE STUDY

面白法人カヤック

●面白法人カヤックは、変わったゲームアプリの開発やesportsの企画・運営を行うユニークな会社です。そのユニークさは仕事だけでなく働き方にも表れています。

●給与面では「サイコロ給」という制度を採用しています。これは毎月サイコロを振って「月給×（サイコロの出目）%」が賞与に＋αされる仕組みです。また、人事面では社員全員が人事部に所属し、採用にも全員が関わる「ぜんいん採用」という制度を取り入れています。また、査定についてもユニークです。同じ職種の社員同士で月給ランキングを作ってもらい、その相互評価によって月給が決まるのです。

●カヤックの制度はユニークなだけでなく、ぜんいん採用にしても月給ランキングにしても多くが全員が働き方を自分ごと化して考える制度として設計されています。それが仕事にも反映され、ユニークな仕事をする会社として評判を呼んでいるのです。

6-04 心理的契約

Psychological Contract

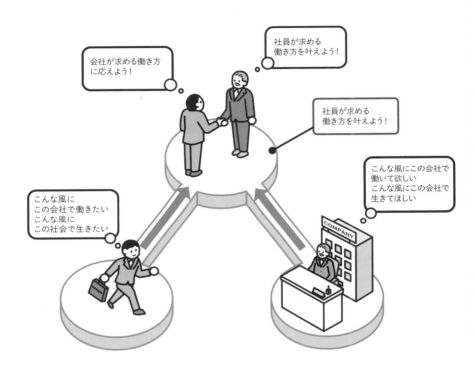

会社が求める働き方に応えよう！

社員が求める働き方を叶えよう！

社員が求める働き方を叶えよう！

こんな風にこの会社で働いて欲しい
こんな風にこの会社で生きてほしい

こんな風にこの会社で働きたい
こんな風にこの社会で生きたい

COMPANY

CONCEPT

●人が組織で働けるのは、書面上の契約を取り交わしているだけでなく、心の部分で、こう働きたい、こう生きたいというものを組織と約束できているから。心で契約を交わせている、という意味で心理的契約という。

●組織と人の間での期待部分のマッチングである。

POINT

人が組織に求めるものも、組織が人に求めるものも、刻一刻と変わっていくので、定期的に心理的契約を見直す。

関連ワード

●キャリアアンカー
●ダイアログ
●ジョブ・クラフティング

WHAT IS?

◉入社時、人々は組織に様々な期待や不安を抱いて入ってきます。それに、どう応えるか。一方、組織の側も、これから入ってくる人々に、期待と不安を寄せます。人が働くという事象は、この2方向の期待のマッチングが実現できたときにに生じます。

◉だとすれば、会社にとっては入ってくる人々の期待にこたえられるような組織であり、働き方や職務内容を提供してあげることが、人々が長く定着でき、その持てる能力を発揮してくれるかどうかの鍵でしょう。もちろん逆も然りで、入社する人にとっては、組織の期待にこたえられるような人であることで、組織は人を良く遇してくれます。丁寧な対話のなかで双方の思いをすり合わせることが肝要です。

◉入社後も同様です。人が組織に対して抱く期待は変わり続けますし、組織が人に対して期待することも変わってきます。都度、働き手と組織（経営者側）は対話を行い、双方の思いを伝え合い、調整を図っていくことが求められるのです。

CASE STUDY

セレッソ大阪

◉セレッソ大阪は育成型クラブとして香川真司、清武弘嗣、南野拓実、柿谷曜一郎など代表級の選手や、海外でも活躍できる選手を育てています。その鍵は、少年・青年世代から徹底的に「自分はどうやりたいのか」「自分はどうなりたいのか」を考えさせることにあるといいます。

◉クラブ側からもどうなってほしいのか、という意見も出し、双方で議論をします。そうした良好な関係のもと、能力を高め、クラブに大きく貢献してくれる人材が育っていくのです。

◉柿谷曜一朗は、4歳のころからセレッソに在籍していました。長い期間を通じて、コーチ、トレーナーとの丁寧な対話により柿谷のメンタルは育まれました。柿谷の「こうありたい、こうプレーしたい」と思う気もちとそれを実現させてきたチームの育成環境、この心理的契約がスイスのリーグへの移籍や日本代表への選出という結果につながっているのです。

カッツモデル

Katz Model

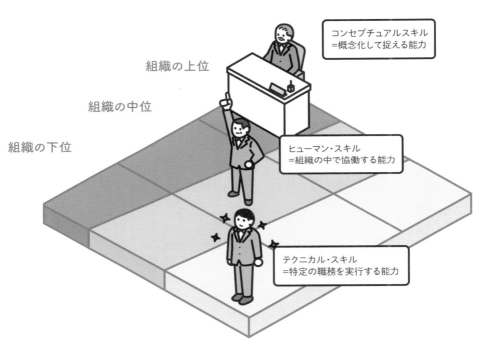

組織の上位

組織の中位

組織の下位

コンセプチュアルスキル
=概念化して捉える能力

ヒューマン・スキル
=組織の中で協働する能力

テクニカル・スキル
=特定の職務を実行する能力

CONCEPT

◉アメリカの経営学者ロバート・カッツが提唱した組織の職層に応じた人の要求技能の違い。

◉人のスキルは、特定職務を遂行するテクニカル・スキル、組織の中で他人と協働するためのヒューマン・スキル、そして物事を概念化して捉えるコンセプチュアル・スキルに分けられる。

◉組織上位層に行くにつれ、コンセプチュアル・スキルの重要性が高まり、テクニカル・スキルの重要性が下がる。

POINT

3種のスキルをバランスよく、まんべんなく高めていく。

___

関連ワード

◉ダブル・ループ学習
◉越境学習

WHAT IS?

●キャリアのスタートは、テクニカル・スキルを磨くことからです。マーケティング、生産、開発…そうした仕事のエキスパートになることから始まるのです。

●組織の上位層に行くにつれて、大きなものごとを動かしたり、結果をシミュレートしながら意思決定をする必要が増えるため、現場の仕事ができることよりも、分析し、概念化し、あるべき方向性を定めていくようなコンセプチュアル・スキルが求められるようになります。そのような意味でこそ、こうした経営学の学習の意義が大きくなるのです。

●そして、どんな職層でも一貫して求められるのがヒューマン・スキルです。ただし、対人コミュニケーション能力が高い人ということではありません。あなたなりのスタイルで、人々の中で上手に自分の意思を伝え、人々をリードし、協働していく能力こそが求められるのです。

CASE STUDY

小倉昌男

●「宅急便の父」と呼ばれる小倉昌男はものごとを概念化して捉える能力に秀でた人物でした。

●物流の仕組みを抽象的に図式化して考え、ハブ＆スポーク方式を個別宅配に導入しました。たとえば6つの拠点間を相互配送する際、ハブ＆スポーク方式が導入される前の個別宅配では、図1のようなイメージで配送していました。ハブ＆スポーク方式は図2のように輸送する荷物を1拠点に集約させ、どこの拠点へ配送するにしても拠点から1本でいける運行経路を実現しました。

●この方式の導入により、小倉率いるヤマト運輸は個別宅配を採算ベースに乗せるという世界的偉業を成し遂げたのです。

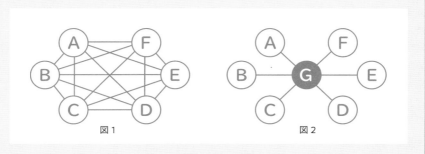

図1　　　　　図2

ダブル・ループ学習
Double-Loop Learning

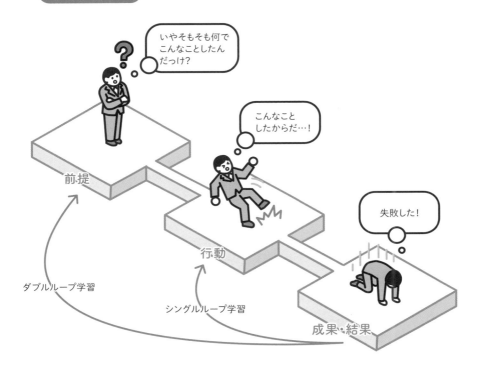

CONCEPT

◉人間の学習は、結果の成功・失敗から素直に学ぶシングル・ループ学習と、そうした結果をもたらした前提を見直す、ダブル・ループ学習とに区別される。

◉通常の業務の習熟はシングル・ループ学習だが、社会環境が変化していく中では、「今のやり方が上手くいかなくなっているのは、どのように社会環境が変わろうとしているのか」というダブル・ループ学習が大切になる。

POINT

ダブル・ループ学習とは、かつての成功体験を捨てる「忘却」（アンラーニング）である。

関連ワード

◉カッツモデル
◉越境学習
◉PDCA

WHAT IS?

◉この理論が強調するのは、2種類の学習があるということではありません。前提を疑い、かつての成功体験をも捨てられるダブル・ループ学習こそが大切である、ということです。通常、人は放っておいてもシングル・ループ学習をします。そのように脳ができているからです。つまり、仕事をしていれば、その仕事には必ず習熟していくようになっています。

◉しかし、そうして構築された技能を放棄することは難しく、学習によって培われた業務理解や社会構造の理解はそう簡単には変えられなくなります。だからこそ、一度そうしたものを忘れ、前提がどう変わったのか、だから自分の行動はどう変わらなければいけないのか、というダブル・ループ学習が大切になるのです。

◉あなたが思うよりも社会の変化のスピードは速いでしょう。スマートフォン、YouTube や Twitter などは、いずれも 2007 年頃に登場したものです。社会があっという間に変わっていくのであるとすれば、「いま、前提がどう変わろうとしているのか」にこそ、注視していかねばなりません。

CASE STUDY

ザ・ビートルズ『Sgt. Peppers' Lonely Hearts Club Band』

◉『Sgt. Pepper' Lonely Hearts Club Band』はザ・ビートルズの8枚目のオリジナルアルバムですが、「世界最初のコンセプト・アルバム」とも呼ばれるそれまでの音楽アルバムのあり方を根底から覆すような斬新なものでした。

◉それまでの音楽アルバムの常識では、作品は「単独の曲」であり、アルバムはそれがたくさん入っているお得セットに過ぎませんでした。しかし、同アルバムは架空のバンドのコンサートの構成という体で作られています。アルバムの概念を「単独の曲の集まり」から「全体のコンセプトを1枚で体現するもの」に変えたのです。アイデアを閃いたポール・マッカートニーは「ビートルズがビートルズでなくなればいい。架空のバンドをつくる。そうすればもっと自由になれる」と、自分たちと、ポピュラーソングづくりの前提を見直しています。

◉こうした試みはクラシックやジャズの世界でも例を見ないもので、音楽界に新しい価値観をもたらしました。その結果、アメリカの音楽雑誌「ローリング・ストーン」の名盤ランキング 500 で1位に輝くなど、多くの人の心に残る名盤となっています。

越境学習
Cross-Boudary Learning

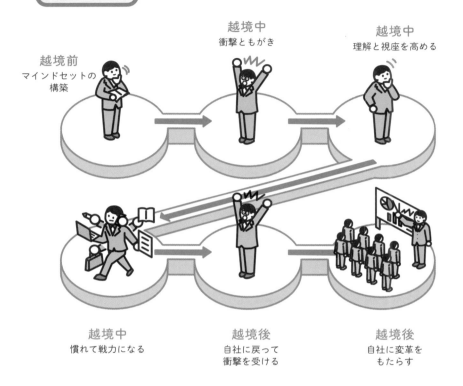

越境前
マインドセットの
構築

越境中
衝撃ともがき

越境中
理解と視座を高める

越境中
慣れて戦力になる

越境後
自社に戻って
衝撃を受ける

越境後
自社に変革を
もたらす

CONCEPT

●普段の仕事の場ではない「アウェー」に
出ていった先で個人に起こるものが越境学
習。通常の仕事では得られない知識が得ら
れるのみならず、不確実な状況や、初めて
のチームでものごとを組み立てていく力も
育てられる。

●越境者は二度学ぶ。越境先で衝撃を受け、
そして再び自分の組織に戻って、もう一度
カルチャーショックを経験する。2度の自
己と組織の革新である。

POINT

葛藤することや、手も足も出せず観察
することもまた大切な学習経験である。

関連ワード

●カッツモデル

●ダブル・ループ学習

●オープンイノベーション

WHAT IS?

◉ 人の成長の大きなきっかけとなるものが「アウェーで活躍する体験」です。海外でのチャレンジや、子会社への出向は、昔から人材育成の定番手法でした。

◉ 今日は、もっと能動的に自らをアウェーに置くことが容易になっています。副業や、様々な趣味の場も活用できるし、オープンイノベーションなどの取り組みも学びを与えてくれます。

◉ そこで得られるものは、新しい知識だけではありません。自社や自分の業務を客観視し、俯瞰する中から気づきを得ることもあります。思考の相対化が進み、概念的にものごとが捉えられるようになります。

◉ 加えて、アウェーの中で、どうやって場の状況をつかみとり、自分の役割を見出し、効果的な動き方をしていけばよいか、行動の力もまた磨かれていきます。このように、人材に与える効果が非常に大きいことから、越境学習は今日、人材開発の重要概念として注目度を高めています。

CASE STUDY

孫正義

◉ ソフトバンクの創業者である孫正義の名を知らない人はいないでしょうが、彼は常に社会の辺境で越境を続け成長してきました。孫正義は1957年、佐賀県の貧しい家に生まれましたが、高校1年生のときに、短期留学で行ったアメリカで刺激を受け高校を中退。アメリカへ渡りました。

◉ アメリカでの大学在学中は「発明に5分使う」ことを日課とし数々のビジネスアイデアを考案。その中の「音声付き自動翻訳機」をコンピューターの専門家たちと製品化しSHARPに売り込むことに成功します。

◉ その後、アメリカでインターネット事業の伸びを感じた孫はYahoo!社に目をつけました。1996年には日本で合同会社を設立。その後の成功は言うまでもありません。このような海外の最先端事業を日本で成功させるタイムラグを利用した経営を「タイムマシン経営」と名づけました。

◉ その後も携帯電話、半導体、多角化経営と新しいステージに進出しては成長を続けてきました。彼は越境を繰り返す貪欲な成長の天才なのです。

6-08 関係資本
組織行動論

Social Capital

一緒に頑張ろう

こうしてみたら?

助っ人を紹介するよ

協力してくれる人

こんな方法があるよ

助言してくれる人

ボンディング

ブリッジング

繋いでくれる人

新しいアイデアをもたらしてくれる人

物的支援

知的支援

CONCEPT

◉人が大きなことを成し遂げられるかどうかは、他者の協力を得られるかどうか。その意味で「私は何ができるか」という人的資本との対比として「私は誰の支援を得られるか」という関係性の充実度を表す概念が関係資本である。

◉仲間を強く結束させるボンディングと、遠く離れた人々と自分をつないでくれるブリッジングに分けられる。さらに、支援をモノ的なものと知的なものに分けることもできる。

POINT

ボンディングばかりになると輪が閉じる。ブリッジング的な関わりも大切にする。

関連ワード

◉限定された合理性
◉オープンイノベーション
◉エフェクチュエーション

WHAT IS?

◉人が組織や社会の中でどのくらい大きなことを為すことができるのかは、その人の能力や意志を原点としながら、どれだけ人々の助けを借りて大きくできるかにかかってきます。人材の能力を「人的資本」（Human capital）と位置付けるなら、その人材がもつ関係性の豊かさは「関係資本」（Social capital）と対置することができます。この両方を高めるべきなのです。

◉友達が多い、ということではありません。あなたが何かを為そうとするとき、あるいはあなたが困難な状況にあるとき、どれだけの人が、あなたを助けてくれるだろうか、という支援・協力を得られるかどうかのつながりこそが関係資本です。人々が支援・協力をしたいと思うのは、結局、あなたが何を思い、どういう行動をしているかですから、この点で人的資本と関係資本は密接に関係してきます。「あなたが何者であるか」が、関係資本の起点となるのです。

CASE STUDY

マーク・ザッカーバーグ

◉ Facebook の創業者、マイク・ザッカーバーグが事業を始められたのは、仲間たちの協力（ボンディング）なくしてできませんでした。大学寮内のサベリンらの仲間たちが、ファイナンス、プログラミング、マーケティングなどを担って、Facebook の原型がつくられました。さらに、事業売却し悠々自適の生活を送っていた起業家ジェフ・ロスチャイルドが Facebook に興味をもち入社したことで一気に有名になり、会社としての基盤を強固なものにしました。

◉その先でザッカーバーグを助けてくれたのはブリッジングの力です。話題を聞いたナップスターの創業者、ショーン・パーカーがシリコンバレーにザッカーバーグ呼び寄せ、VC や経営者などとつなぎます。ここで Facebook は人材と資金を得て、飛躍的に大きな企業に成長していきました。

◉このように個人の成功は人と人とのつながりによるところが非常に大きく、その人自身ではできないこと、知らないことを他の人に依存しながらどれだけ成長できるかにかかっているともいえるのです。

心理資本
Psychological Capital

CONCEPT

● 長期にわたって安定的なパフォーマンスを発揮できるかどうかは、あなたのメンタルコンディション次第。その意味で、人的資本、関係資本に続く第3の資本として登場したものが心理資本。

● 職務経験の中で積み上げ、育んでいく。希望がもてること：Hope、根拠のある自分への信頼：Efficacy、困難な状況を乗り越えられる心：Resilience、根拠などなくともなんとかなると思える心：Optimismからなる。

POINT

安定した仕事とは、組織が潰れないことではなく、個人が潰れないことである。

関連ワード

● 関係資本
● 動機付け
● キャリアアンカー

WHAT IS?

◉人的資本、関係資本に並ぶ第3の資本として、21世紀に入ってから提唱されるようになった概念です。メンタルをやられやすい現代社会のなかでは、個人としても、また組織としても、人々のメンタルにこそ配慮しなければ、パフォーマンスを高めることはできないのです。この意味で、健康経営の文脈でも重視されることが多い概念です。

◉大切なことは、メンタルの健康さもまた蓄積的につくられるものだということです。困難な状況でも、なんとかなるさと思えるかどうかは、あなたの過去の経験が為せる業です。気晴らしの方法や、自分なりの問題に向き合う姿勢なども、経験的に身に付けられます。キャリアのどのタイミングからでも、自分のメンタルを上手に管理する方法を、身に付けなければいけません。

◉特に近年注目されているのが「レジリエンス」、困難から回復する精神力です。スポーツ科学では昔からリバウンドメンタリティの名で注目されていました。悔しい状況、辛い状況を、どうやって乗り切るか。その術こそ、個人としても、社会としても、磨いていく必要が叫ばれています。

CASE STUDY

イチロー

◉日本人でありながらメジャーリーグで19年という長きにわたって活躍し続けたイチロー。彼は、天才的なバットコントロールや身体能力はもちろん、心身のコンディショニングにも長けた超一流選手でした。

◉イチローはこんな言葉を残しています。「平常心でいれば、素晴らしいパフォーマンスを発揮できる可能性がある。もし、プレッシャーやいら立ち、その他の要因によって、平常心でいられなくなってしまったら、うまくいかないはずだ」と。つまり、どんな辛い状況、難しい状況でも平常心でいられればいつも同じような結果が得られるということです。

◉それを実現するためにルーティーンという手法を使っていました。翌日の試合開始時間から逆算して寝る時間、起きる時間などもすべて決まっていました。マリナーズ時代には毎日ブランチにカレーを食べていたことも有名です。「美味しくない」などの不確定要素で気持ちの落ち込みなどを防ぐためにこのような習慣を取り入れていたといいます。こうした厳しい自己管理能力が日米通算4367安打という前人未到の記録に至らせたのです。

リーダーシップ
Leader Ship

ボスは…
・権威に頼る
・「やれ」と言う
・仕事を苦役にする
・一人称は「私」
・部下を追い立てる
失敗の責任を負わせる

リーダーは…
・志を拠り所にする
・「やろう」という
・仕事をゲームにする
・一人称は「私たち」
・部下を導く
・失敗から学ばせる

ボス

リーダー

CONCEPT

◉リーダーシップとは、他人に働きかける力のこと。目的達成のために職務に向かわせることと、組織が心の側面で維持できるように、人々の関係をつくっていくことの大きな2軸からなる。

◉変革のヴィジョンを提示して強力に仲間を引っ張る変革型リーダーシップ、裏方に徹することで仲間の力を引き出すサーバント・リーダーシップ、高い倫理観や目的に向かう誠実さで動かすオーセンティック・リーダーシップなどがある。

POINT

リーダーシップの方法は人それぞれ。自分なりの方法を見つける。

関連ワード

◉ミッション・ヴィジョン・パーパス

◉動機付け

◉ダイアログ、対話

WHAT IS?

◉リーダーシップは有史以前からみられる人類の特徴です。人間社会は、人々の上に立って導く人と、誰かを掲げ、その人を支えて進んでいく人とによって成り立っています。決して、誰かの上に立つこと、誰かに従うことはおかしなことではありません。人の精神に古来から宿る心理であり、社会構築の方法なのです。

◉リーダーの社会的役割は大きく2つといわれます。人々に目的を達成させるために行動させること（Performance）、人々にここにいたい、ついていきたいという思いを持たせること（Maintenance）です。この頭文字をとってPM理論と呼ばれます。

◉それを達成するための方法は人それぞれです。神戸大学名誉教授の金井壽宏教授は「リーダーシップの持論アプローチ」を唱えます。自分のために、自分に合ったリーダー論をこそ構築すべきだ、というものです。強く引っ張る人もいれば、後ろから支える人もいるでしょう。雄弁に語る人もいれば、行動で示す人もいるでしょう。自分のかたちをこそ、見つけるべきなのです。

CASE STUDY

稲盛和夫

●京セラ、第二電電（KDD）、JALと3つもの会社を成功させた日本を代表する企業家、稲盛和夫は、特に何かの経営能力に秀でているわけではありませんでした。経営のテクニックやマーケティング手法などはまったく語ったことはありません。彼の強みは、一緒に働く人々をうまく乗せられることです。

●JALの再建にあたっては就任するとすぐに現場の一人ひとりにあいさつし、声をかけたといいます。そしてその中で丁寧に話を聞き、また自身の考え方を話したのです。それにより社員たちは稲盛和夫に惹きつけられ、この人と一緒い会社のために働きたいと思うようになったのです。

●稲盛和夫はリーダーはゴールにたどりつくための道よりもたどりつく先の到達地点を描くべきだとし、さらに仲間たちを安心させ、挑戦できるようにするため笑顔で楽観的でいなさいとも説きました。これをまさに自分が実践してきたことそのものであり、こうした態度が正しいことを自らのキャリアによって証明しているのです。

6-11 ダイバーシティ＆インクルージョン

組織行動論

Diversity & Inclusion

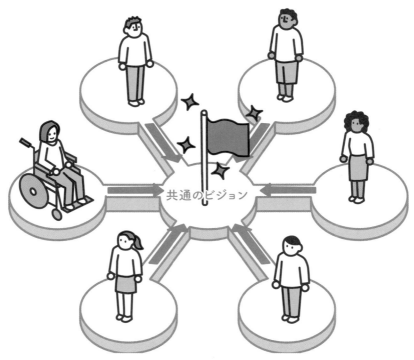

共通のビジョン

CONCEPT

◉ダイバーシティとは、女性や外国人、障碍者などが参加するというだけでなく、多様な「価値観」や「考え方」「能力」が存在することを認めることである。

◉インクルージョンとは、多様な人が共通のビジョンに向かって積極的に活動に参加することを指す。

◉ダイバーシティ＆インクルージョンの結果として、環境変化に対応しやすくなったり、イノベーションを生みやすくなる。

POINT

多様な人材をただ組織に加えるだけでは力を合わせられない。ビジョンや共通目標を共有することで、多様性の良さを引き出す。

関連ワード

◉限定された合理性

◉同調圧力

◉心理的安全性

WHAT IS?

◉ダイバーシティが今日、社会に求められている理由は大きく2つあります。第1は、それが社会の倫理だからです。すべての人が平等に社会に参加し、幸福に生きる権利があります。それを実現するためには、企業、職場の協力が必要不可欠です。

◉第2は、それが変革の力、イノベーションの力になるためです。同じ問題に対し、様々なものの見方ができるのであれば、業務の改革や、ときには大きなイノベーションに結実する可能性もあります。視点の多様さを与えてくれるのです。

◉ただし、多様な考え方を認めることで、どうしても組織としては求心力が弱まってしまいます。違いを認めつつ、皆が承諾できる共通のビジョンを持てること。これがインクルージョンです。かつて日本社会は「共通の価値観、ビジョン、考え方」が強調される一方で、異分子を認めない傾向がありました。今日、「私たちはそれぞれに違う」を起点に、再度、違いを認めながら共通理解をつくっていくことが求められています。

CASE STUDY

日本理化学工業

◉全社員の7割が知的障がい害を持つ社員で構成された日本理化学工業は、ダイバーシティという点において非常に先進的な試みをしている企業です。障がい者を主力の人材として雇用し、健常者と混ざって働く職場のかたちを構築しました。

◉同社では障がい者が働くための様々な工夫がなされています。数字が苦手な知的がい害者のために、数字を使わず色ごとに区別した容器や重りで重量を測ります。また、時計が読めない障がい者のために数種類の砂時計を使ったり、使用する段ボールにはガムテープを貼るガイドラインがあったりします。

◉こうした数々の工夫により同社の工場では他企業と遜色のない生産性を上げることに成功しています。また、そうした取り組みに顧客や自治体も共感し、同社を支援しようという輪が広がり続けています。ダイバーシティ&インクルージョンを競争力にうまくつなげた事例として注目を集めています。

ダイアログ、対話

Dialog

共通の目的達成の
ための対話

発言の背景にある
価値観や世界観

発言の背景にある
価値観や世界観

CONCEPT

◉ダイアログ（対話）とは、互いの異なる
考えを認め、それを尊重しながら、共通の
目的を達成していくための基盤をつくって
いく行為。

◉上司からの一方的な指示ではない。短時
間で結論を出すための議論や、結論を出す
ことを目指さない雑談とも異なる。

POINT

共通の目標を達成するために、対話に
よって相互理解を深めて相互に尊重し
合う。

関連ワード

◉リーダーシップ
◉エンパワーメント
◉心理的安全性

WHAT IS?

◉私たちのコミュニケーションは、ビジネスなどの真剣な場では上下関係のある「指導・命令」となり、一方でリラックスしたフラットな関係のもとでは「友好的な会話・雑談」となります。これとは異なる第3のコミュニケーションの形として、ビジネスの場で、フラットに真剣な話をするものが「ダイアログ」です。上司・部下の関係であっても、あくまでお互いを一人の人間として尊重し、フラットにお互いの抱える問題や組織の問題について話し合うのです。

◉お互いの理解が進むと共に、問題に関する共通理解が構築され、よく議論ができる土台が生まれます。相互に人格への敬意も生まれ、健全な人間関係が育まれます。対話を土台とした組織につくり直していくことは、一方的な命令だけで動くのでもなく、誰かに寄りかかることのない、成熟した人間関係による組織運営に寄与します。

CASE STUDY

星野リゾート

◉バブル期以降の不景気の煽りを受け、全国に衰退したリゾート施設が数多くありました。1995年からそれらの再建を手掛け始め、リブランディングに成功させてきたのが星野リゾートです。

◉同社の再建メソッドの核は、徹底的な対話にあります。従来の経営コンサルタントのように星野リゾートが改革案を出すのではなく、再建を必要とするクライアントの現場の一人ひとりに考えさせ、皆で徹底的に議論させて、自分たちで改革案を出せるようにするのです。

◉このような再建メソッドは、リゾート施設の状況が悪化するのは多くの場合、組織の風通しが悪くなり、言いたいことが言えないような状況になるためである、という知見がもとになっていいます。

◉そんな星野リゾート自体も、非常に風通しの良い会社として知られています。再建事業だけでなく、ホテル事業でも現場の裁量権が大きく、上司の指示を待たずに実際にそこで働くスタッフが自由に提案し、実現してきたアイデアがいくつもあるのです。

6-13 エンパワーメント

Empowerment

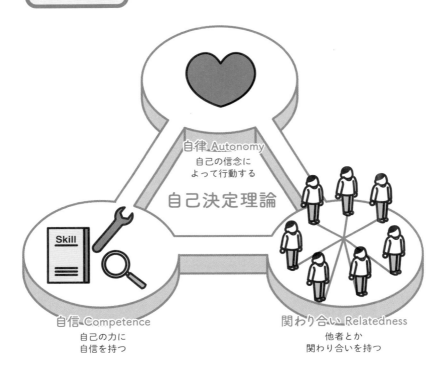

自律 Autonomy
自己の信念に
よって行動する

自己決定理論

自信 Competence
自己の力に
自信を持つ

関わり合い Relatedness
他者とか
関わり合いを持つ

CONCEPT

●力を与えること（empowerment）が直訳。日本では権限移譲と翻訳される。部下に実行権限を与えることを意味する。

●自分で決定できるようになることで、個人の人間的成長が図られる。自己の信念で行動できるようになり、自分自身に健全な効力感を感じられるようになり、他人と健全な一人前の関係をつくることができるようになる。

POINT

単なる丸投げのことではない。しかるべく方針を示し、必要な支援を与えたうえで、現場に移譲する。

関連ワード

●関係資本
●心理資本
●MBO

WHAT IS?

◉権限移譲のことを指して「エンパワーメント」と呼ばれますが、往々にしてそれは「丸投げ」になりがちです。健全なエンパワーメント "部下に力を与える" となるためには、権限のみならず、ものごとを実行するための支援の約束、資源の提供、助言、そして何よりも目指すべきゴール像の共有が大切となります。「これなら自分でもできる」という体制をつくってあげることが、エンパワーメントの鍵です。

◉エンパワーメントは、現場に即応した行動を可能とすること、上司の業務負荷を軽くすることに加え、エンパワーメントされた部下の参加意識の改善と能力開発に寄与します。その背景にあるのは自己決定理論という考え方です。エンパワーメントにより、自分で決定して仕事ができるようになると、自己の信念や考えに沿った行動ができるようになる「自律」、自分はできるのだという健全な「自己能力感」、一人前の人材として仲間とよき「関わり合い」が結べるようになるのです。

CASE STUDY

青山学院大学　陸上部　原晋監督

◉大学駅伝界に突如として現れ、あっという間に常勝軍団となった青山学院大学。その理由は、もちろん選手のスカウティングが際立っているということもありますが、原晋監督の新しいタイプの指導方法も大きな要因です。

◉かつての指導者は、選手は未熟な子どもであるから、監督が愛をもって厳しく管理し、一人前の選手に育てていくものだと考えられていました。生活管理から練習メニューまで事細かに指示し、整えてやるような管理方法です。

◉一方、原監督は選手をすでに一人前の選手扱いし、監督が指示しなくても自分たちで目標を立て、練習メニューなども自分たちで考えるようにエンパワーメントしていきました。たとえば「足が痛い」と報告してきた選手に対して「治すためにどんな努力をするか」「その状態でできる練習方法はどんなものがあるか」などを考えさせたのです。

◉こうして一人ひとりが考えられるようになった青学は2015年からの箱根駅伝4連覇を成し遂げ、近年の常勝軍団の一角にまでチームは成長しました。

心理的安全性
Psychological Safety

学習する職場
健全な衝突と高い
パフォーマンス

キツい職場
不安と罰による
コントロール

ヌルい職場
仕事の充実感は
少ない

高

心理的安全性

仕事の基準

高

低

低

サムい職場
余計なことをせず、
自分の成果のみ

CONCEPT

◉心理的安全とは、メンバーが「チーム内で、対人関係におけるリスクをとっても大丈夫だ」と信じられる状態。

◉心理的安全があることで、率直に改善案が言える、疑問点を質問でき、上司も指導を行いやすくなる。「率直に話せること」こそが心理的安全性。

◉仕事に求める基準が高くないと、単なるヌルい職場になる。

POINT

のんびりぬるま湯的な雰囲気を作ることとは異なる。

関連ワード

◉ダイアログ、対話
◉ダイバーシティ＆インクルージョン
◉心理資本

WHAT IS?

●心理的安全性とは、気楽に働ける職場、倒産のリスクがない職場、ではありません。「なんでも質問ができる、なんでも意見ができる、それが場を壊さない職場」です。職場のパフォーマンスは結局これに尽きることが、研究ではたびたび検証されてきました。

●重要な関連概念が、仕事に要求される基準です。仕事の要求基準が低ければ、どうしても「ヌルい職場」になりがちだからです。あくまで要求基準は高く、それを達成するためによく話ができ、誰にでも質問ができる場こそが、あるべき「学修する職場」となるのです。

●心理的安全性はちょっとしたことで低下しがちであることで知られます。いらいら不機嫌で働いている人がいる、嫌味を言われる、大声で怒鳴られる…そうしたことが「言い出しにくくなる」雰囲気をつくってしまうのです。ですが、それを属人的な「●●さんの問題」にしないのも、心理的安全作りでは大切なことです。人と人はつながり合っています。誰かが問題行動をとるのも、それを生み出す「場」の問題と捉え、犯人探しをせず、場をよくするための方法を皆で考えることで、心理的安全はつくられます。

CASE STUDY

Google

● Google は、総力をあげてパフォーマンスの高いチームの特徴を調べる調査を「プロジェクト・アリストテレス」を行ってきました。2012 年より世界各国のマネージャーからチームメンバーの属性とチーム内の力学について情報収集を行ったのです。

●リサーチ進めていくうちに、メンバーの属性ではなく、メンバー同士がどのように協力しているかがチームの生産性に関わっていることが判明しました。優秀なメンバーを集めただけでは生産性の高いチームは生まれず、協力の仕方にこそ鍵があったのです。

●生産性向上には 5 つのポイントがありました。「信頼性」「構造と明確さ」「インパクト」「仕事の意味」、そして「心理的安全性」です。メンバーに対して「無知」「無能」と思われる行動をしてしまっても『このチームならば問題ない』とメンバーが思えているチームでは、積極的なアイデア出しや発言がなされ、また健全な衝突も発生し、それが生産性の向上を生むことがわかっています。

7章
ロジカルシンキング

ABOUT

経営において非常に重要、かつ根拠となりうるのが「論理的思考」です。ビジネスを考える上で、センスや直感が決め手になることもありますが、より多くの支持や納得を得るには「論理」が必要です。俯瞰の視点でどこに原因があるのかを考えましょう。

chapter **7**

Logical Thinking

同調圧力

それってあなたの意見ですか？

MECE

Mutually Exclusive, Collectively Exhaustive

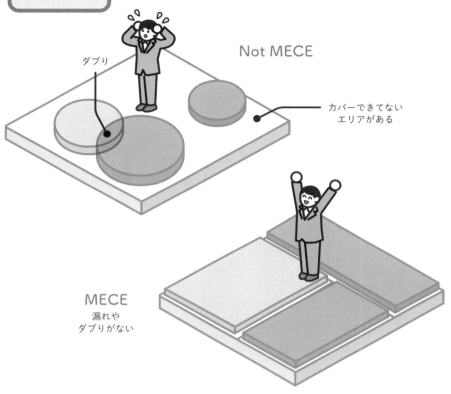

ダブリ

Not MECE

カバーできてない
エリアがある

MECE
漏れや
ダブリがない

CONCEPT

◉Mutually exclusiveとは「相互にダブリなし」ということ。Collectively exhaustiveは「もれがない」ということ。「もれなくダブりなく」。

◉発音は「ミーシー」あるいは「ミッシー」。

POINT

リストアップしたときに、最後に一度、もれとダブリを確認する。あるいは最初にもれ・ダブリのない構造をつくってしまう。

関連ワード

◉トレードオフ
◉ボトルネック
◉ディシジョンツリー

WHAT IS?

◉相互に、もれなく、ダブりなく、という意味の言葉です。状況を整理したり企画を整えたりするときに意識するべきことです。論理的に思考をする際の基本になる部分でもあります。ただし、いきなり MECE に思考しようとしても私たちの頭はそのようにはできていません。まずは MECE など意識しなくてもよいです。自由闊達に考えていくほうが思考は進んでいきやすいです。

◉しばらく自由に考えたところで、自分（たち）の思考に偏りがないかを一度チェックするときに、漏れがないか、ダブりはないかを検討します。見落としのチェックをする際の視点の持ち方として MECE を理解しておくとよいでしょう。

◉分析手法として積極活用する方法もあります。最初に徹底的に必要要素を抽出してもれている部分がないかと調べてみるのです。例えば、自社が提供するサービスが、10-20 代を対象としているもの、40-50 代を対象としているもの、60 歳以上を対象としているもの…だったとしたら、30 代向けが抜けているね、ということになるわけです。抜け漏れを取り除くことで、完備性の高いサービスや、施策をデザインすることができるのです。

CASE STUDY

TikTok

◉抜けもれがないだろうか？と穴埋めをしていき、空いているスペースを見つけることが、大きな事業機会になることもあります。

◉たとえばソーシャルメディア。Facebook、Twitter が大きな成功を収め、次には YouTube が伸長しました。後は、残っているスペースはどこでしょうか？

◉長文の Facebook、短文の Twitter。長尺動画の YouTuber とヒットしたなら…漏れているのは短尺動画です。かくして生み出された TikTok は MECE に発想していくことで見つかる事業機会だといえるでしょう。

◉文章メディア、動画メディアがあるなら、まだ埋まっていないのは…音声メディアであるという発想もできます。かくして登場した Voicy なども一定の成功を収めています。論理的に思考し抜けもれを探すことが、創造的な思考にもつながるのです。

トレードオフ

Trade-Off

コスト　　　　　　　　　　　　　時間

CONCEPT

◉一方を立てれば他方が立たないこと。二者択一。

◉「AとBの間にはトレードオフの関係がある」「AとBはトレードオフである」というように用いる。

◉AかBか、だけでなく、その中間もあり得る。

◉3つ以上のものの間でも用いる。

POINT

意思決定では、主要なトレードオフがある事項に集中する。

関連ワード

◉ディシジョンツリー

◉交渉術、win-win

◉イノベーターのジレンマ

WHAT IS?

◉会議をするとき、交渉をするとき、製品の設計をするとき、マーケティング策を考えるとき…集中すべきは二者択一、どちらかを選ばなければいけない状況、メリットとデメリットの両方が存在する事項に対してです。別の言い方をするならトレードオフがない物事については、検討や判断をする必要などありません。意思決定はトレードオフ事項にのみ集中すべきです。

◉ベストな判断は、「トレードオフを超克する第3の案を見つけること」です。トレードオフを認識したら両方の解決ができる方策を考えます。あなたが思っている以上にトレードオフを超克する手段は存在しています。

◉セカンド・ベストは、どちらかに振り切ることです。最も悪いのは間をとったどっちつかずの判断となることです。どっちつかずの判断は両方のいいとこ取りではなく、どちらを求めている人にとっても中途半端な課題が残るものとなってしまうからです。

CASE STUDY

大谷翔平

◉野球という競技では、プロになるような優れた選手には大きなトレードオフがあります。野手になるか、投手になるかです。野手になるなら打撃を磨くことが、投手になるなら投球を磨くことが求められます。プロになるタイミングで、どちらか秀でたほうを選択することが一般的ですが、プロになってから転向する選手もいます。

◉打撃も超一流、投球も超一流だった花巻東の大谷翔平選手にどちらを選ばせるかは、まさに究極のトレードオフでした。指名した日本ハムファイターズが出した答えはなんと、トレードオフを超克する「二刀流」のアイデア。打撃も投球も、両方でトップ選手を目指すという近代野球では誰も成し遂げていない道を提示したのです。

◉努力の天才でもある大谷翔平選手は、プロに入ってからも心技体を磨き続け、現在では見事に北米メジャーリーグで二刀流選手として唯一無二の大活躍を見せています。誰もが「野手か、投手か」というトレードオフに悩む中、両立という答えを出した日ハム。そして何より両立を可能とした大谷選手の努力が、トレードオフの超克を可能としたのです。

ボトルネック

Bottle-Neck

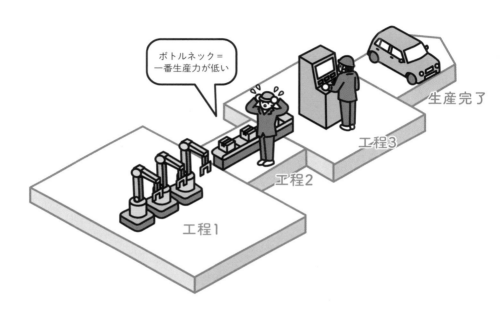

ボトルネック＝
一番生産力が低い

生産完了

工程3

工程2

工程1

CONCEPT

◉生産管理のコンサルタント、ゴールドラットが広めた。ボトルの首のように、もっとも狭くなっている部分のこと。転じて、プロセスの中で全体の生産量を規定する、一番生産能力の限定された部分。

◉生産プロセスのみならず、サービスや、ホワイトカラー業務の中でも、全体の能力を規定してしまう一番処理能力の低い部分のことをボトルネックという。

◉ボトルネック＝悪い、ではない。

POINT

ボトルネックに全体の処理能力を揃えるか、ボトルネックの処理能力を高めるか。

関連ワード

◉SCM
◉バリューチェーン分析
◉カスタマージャーニー

WHAT IS?

◉生産工程におけるもっとも生産能力の小さい部分です。結局、他の工程でどれだけ生産性を高めようとも、そのボトルネック工程の生産量に規定されます。

◉プロジェクト活動において、もっとも時間がかかる部分を指すこともあります。たとえば試作の制作やそのテストなどがボトルネックになると、その間、開発担当者は何もやれることがなくなってしまうのです。この場合試作とテストのスピードと作業能力が、全体を規定するボトルネックとなるのです。

◉マーケティング・カスタマージャーニーにおける弱点部分を指すこともあります。せっかく認知を高めても、次のステップで十分に興味を高められなければ、そこが集客人数を規定してしまいます。

◉以上のように、全体フローの中で結果を規定してしまう一番出力が弱い部分がボトルネックとなります。ただし、ボトルネック工程＝悪い、ではありません。基本発想はそこに合わせて全体を平準化することで無駄をなくすというものであり、そのうえでボトルネック工程から改善していくのがセオリーとなります。

CASE STUDY

サムスン

◉かつて 20 世紀には日本企業が世界を席巻していたテレビ産業において、現在、世界のトップを走るのはシェア 30％ を握るサムスンです。

◉テレビ産業が、ブラウン管から液晶をはじめとするフラットパネルへとシフトするとき、サムスンは事業のボトルネックがディスプレイパネルの供給量にあることに早期に気づきました。他社に先んじてディスプレイ生産能力の増強に数千億を投じ、自社テレビの販売量に見合うだけのディスプレイ供給量を確保してきました。

◉ディスプレイ生産にかかる莫大な投資額を嫌い、台湾などからのディスプレイの供給を受けてテレビを生産していた他社は、事業の成長がディスプレイの調達量に制約を受けることになりました。莫大な金額を投じ、自前でディスプレイを生産したサムスンは、業界のボトルネックを的確につかんで勝負を決めた事例だといえます。

5why 分析

Five Why

これが根本
原因だ!

⑤
なぜ④が
起きたのか?

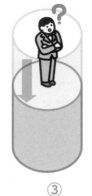

④
なぜ③が
起きたのか?

③
なぜ②が
起きたのか?

②
なぜ①が
起きたのか?

①
問題発生!

CONCEPT

◉トヨタ生産方式の手法。本当の課題、根本原因に行き着くまで、なぜを5回は繰り返してみよう、というもの。

◉5回という数字は象徴的なものであり、必ず5回でなければならないわけではない。あなたが十分と思っているよりも、あと1回、2回は多く問うとよい。

◉深く掘り下げるだけでなく、別の原因を考えてみるのもよい。

POINT

問題を掘り下げたうえで、もっとも効果を上げうる部分を改善する。

関連ワード

◉リスクマネジメント
◉ダブル・ループ学習
◉PDCA

WHAT IS?

◉原因の追求を一回で終わりにはすべきではないということです。特に、誰のせいなのかという犯人探しになりそうな場合に属人的な問題に帰着させず、組織としての問題として改善策を考える場合には意識的に用いるべきです。

◉深く掘れば根本原因にたどり着くというわけではなく、多様なレベルの多様な問題として分析し、効果の大きいところ、手を付けやすいところを見つけていきます。「ひとつの原因を深く掘り下げる」のではなく、「色々な原因の、色々な解決案を出す」ということが、5whyの本質です。

◉ただし、原因究明だけではなく、改善策の実行ありきであることは特に強調しておきたいところです。その後の実行のほうが大切であることを考慮すれば「実行のしやすさ」という観点が、5why分析から出てきた様々な解決案の優先順位付けしていくときのポイントとなります。

JR福知山線脱線事故

◉日本の鉄道史におけるもっとも痛ましい事故となったJR福知山線の事故。再発を防ぐため、多角的に問題が検討され、根本原因が追求されました。

◉人々は当初、居眠り運転をしていた運転士をやり玉に挙げました。ですが、問題を総合的に分析する中で、かなりの高速で運行しなければならない過密ダイヤや、区間のルートの形状などの構造的な問題が明らかになっていきました。

◉さらに、運転士はなぜ居眠り運転をしてしまっていたのかについて検討され、運転士に極度の精神的負担を強いる同社の組織文化に問題があることがわかりました。こうしてこの事故は運転士個人の属人的なミスとして片づけられることなく、鉄道ダイヤや企業体質といった部分での根本的な改善につなげられていくこととなったのです。

7-05 ディシジョンツリー

Decision Tree

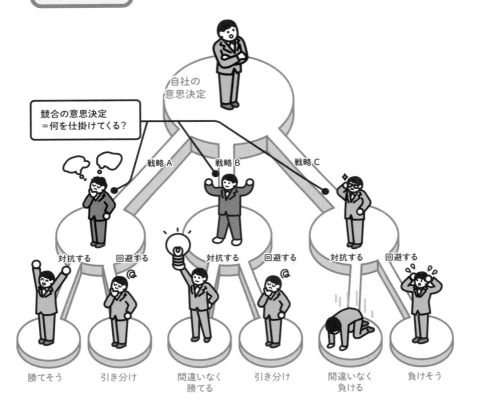

自社の
意思決定

競合の意思決定
＝何を仕掛けてくる？

戦略A　　戦略B　　戦略C

対抗する　回避する　　対抗する　回避する　　対抗する　回避する

勝てそう　　引き分け　　間違いなく　　引き分け　　間違いなく　　負けそう
　　　　　　　　　　　　　勝てる　　　　　　　　　　負ける

CONCEPT

●自分がこう動くと、相手はこう動くから、結果はどうなるか…と、未来の様々な可能性について分岐をさせていき、未来を予測する方法。

●様々なシナリオを描くとともに、一番起こりやすそうな結果を予測し、事前対策を立てる。またそこから逆算して、いま、自分が取るべき最善手を考える。

POINT

将棋やチェスのようなゲームをイメージして、相手の手を読むもの。

関連ワード

●交渉術、win-win

●トレードオフ

●MECE

WHAT IS?

●シナリオ思考とも呼ばれます。自分たちがこう行動したら、相手はどう行動するだろうかとか、相手がこう行動してきたら自分たちはどう対応すべきかと、少し先の未来までを読んでおきます。丁度、将棋やチェスを指し合っていたり野球やサッカーの試合に似ています。自分の手の有効度は相手の反応によって決まってくるのです。

●ディシジョンツリーの発想を用いるなら、戦略計画などは「自社にとってベスト」と考えるだけでなく、それを受けて他社がどう動くかまで考えて、決める必要があります。

●交渉や会議の進行、部下への働きかけなども同様です。「相手がいるゲーム」においては、最良の結果を引き出すためにこそ、自分の働きかけ方を見直すべきです。同時にまた、相手が想定とは違う行動をした場合も含めて検討をしておくとよいでしょう。

CASE STUDY

セイバン

●セイバンは天使のはねで一躍成功を収め、日本のランドセルでシェア50%を誇ります。同社の経営で注目すべきは一貫してランドセルの性能を向上させ、価格を上げ続けられてきたことにあります。その背景には、競合も値下げ競争には持ち込まないという読みと働きかけがありました。

●もし、セイバン1社が高級路線をとり、競合がこぞって低価格路線を追求したならば、業界全体が儲からない構造になってしまい、かつ同社も一人負けになってしまっていたかもしれません。しかし、ランドセル製造業者は、この製品をしっかり儲かる商品にしたいと考えていました。

●そのため、セイバンが機能アップ・価格アップを図ると、競合もまた独自の機能や価値を提案し、業界は高付加価値競争となったのです。もちろん、これは「読み」だけではなく業界全体への「働きかけ」にもよるのですが、ライバルがそれに乗ってきたからこそセイバンの戦略は大きな成功を収めたのです。

バイアス

Bias

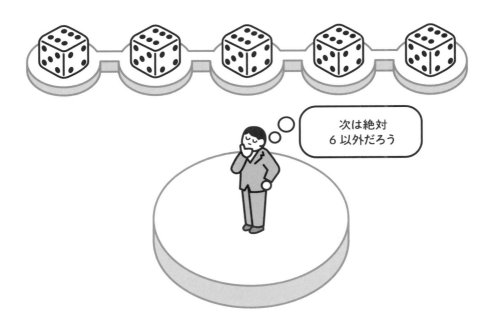

次は絶対
6以外だろう

CONCEPT

◉偏見のこと。経済学や心理学の用語で、認知の歪みのこと。

◉人は見たいものしか見ないという確証バイアスや、これまでの経験から、与えられた情報をもとに推理を働かせてしまう代表性バイアスなど、心理学では有名なものでも数十にのぼるバイアスの存在が指摘されている。

POINT

人間は、思考を素早く、楽にするためにこそバイアスを作動させる。

関連ワード

◉サンクコスト

◉同調圧力

◉行動経済学、ナッジ

WHAT IS?

◉たとえば、災害が発生したとき、私たちの脳はそのショックに耐えるよう努めて日常が継続しているかのように思考します。これは「正常性バイアス」と呼ばれます。それが避難の遅れなどにつながりうるのです。

◉私たちの脳には固有のクセがあります。それがバイアスというもので、誰しもそれから逃れることはできません。思考能力の低さではありません。誰しもが陥る人類の脳のクセなのです。

◉だとすれば、判断を誤らせるバイアスから逃れるための術は、それらのバイアスが存在するということを知るほかにありません。知っていればあなたの脳は「人はこういうときに、こういう判断をしがちである」ということを意識的に処理し、バイアスに陥らない判断ができるはずです。

◉逆も然りです。人々に望ましい行動をとってもらいたいならば、バイアスの存在を積極活用して、人々を気づかぬうちに誘導してやればよいのです。こうした発想のことを「ナッジ」といいます。

CASE STUDY

シャープ

◉人は見たいものしか見ようとしません。液晶テレビで一時は世界シェアの8割を得たシャープですが、「液晶一本足打法」といわれたその経営は次第に危うくなってきます。

◉投資競争を仕掛けるサムスンなど海外企業に対しシャープは技術での差別化を図りました。品質で秀でていれば顧客も自社製品を買ってくれるだろう、と。

◉しかし、高度な技術が使われたシャープの製品の価格は高止まりし、高級品市場ではよく売れましたが、世界的には巨大な生産量を誇るサムスンやソニーの後塵を拝することになりました。

◉その間もシャープは自社の液晶技術が世界一であり、技術で勝ち抜けると信じて疑いませんでした。よいディスプレイを作っていれば必ず市場は取れると考え行った堺工場への5000億円の投資判断が、大きなミスとなりました。低価格品に流れた市場トレンドを読み間違え、2012年、同社は倒産することとなってしまいました。

ここまでに何百億も掛けたんだから取り戻すまでは辞められるわけない…！

CONCEPT

◉何らかの事柄に対し、これまでに投じた金額や時間、労力のことを指す。サンクコスト＝沈み込んだ費用とはつまり、もう取り戻せない費用のこと。

◉取り戻せないものであるにもかかわらず、人はその分をなんとか取り返そうという心理を働かせる。

◉サンクコストが事業の破綻にまで進んだコンコルドの事例から、コンコルド効果とも呼ばれる。

POINT

金銭的なものだけでなく、心理的なもの、時間的・労力的なサンクコストも存在する。

関連ワード

◉バイアス

◉同調圧力

◉行動経済学、ナッジ

WHAT IS?

◉人は、これまで長い期間にわたり人生やお金を投じてきたことを簡単には止めることができません。長年続けたスポーツをやめ、別のスポーツを始めることは難しいし、ずっと応援してきたアイドルから別のアイドルに乗り換えることはなかなかできません。スマホやゲーム機の乗り換えも抵抗感を覚えるでしょう。人はそれを夢とか愛とかこだわりなどと呼びますが、それらは心理学的にはサンクコストという事象です。別のものに移行したほうが以後の自分にとって幸せであったとしても、もはや取り戻せない投資に固執してしまうのです。

◉組織のなかではこの傾向はいっそう顕著になります。長年続けてきた事業を止める判断はとても難しいものです。すでに多額の費用をすでに多額の費用を投じていると、失敗だとわかっても中止しづらいのです。

◉また、サンクコストは集団になるといっそう強く働くことが知られています。昔から使っているシステムに習熟していると新しいシステムへの移行には組織の皆が拒否感を感じ、結束してしまったりもするのです。「先代社長が残してくれたものだから」「先輩の●●さんの思いがこもっているから」そんな心理作用が、サンクコストの効果を強めるのです。

CASE STUDY

コンコルド

◉英仏で共同開発が進められた超音速旅客機です。プロジェクトの中頃からはこのまま続けても黒字にはならないだろう、という見込みがすでに立っていました。ですが、「ここまですでに多額の投資をしてしまっていたのだからここで止めても赤字が残るだけだ」と開発プロジェクトは継続されていきました。

◉その後も負債が膨らみ続け、数百億円の損失を出して開発会社は倒産。航空会社による運行は、赤字を垂れ流しながら2000年まで継続されました。やればやるほど赤字であったにも関わらず作り出したからには完成させたい、完成したからには使いたい…との思惑から傷口を広げることになった象徴的な事例です。

同調圧力
Peer Pressure

CONCEPT

◉集団の一員となることで、自分では考えずに他の個体についていこうとする習性は多くの生物で見られる。グループシンク「集団思考」と呼ばれ、人間以外にも見られる特徴である。

◉人間の場合、さらに「場を乱さない」「相手の機嫌を害したくない」「悪者になりたくない」といった心理が働き、同じであることがいっそう集団的に強く求められることがある。これを同調圧力という。

POINT

和を重んじる文化ゆえ、日本では同調圧力が働きやすい。

関連ワード

◉バイアス

◉サンクコスト

◉ダイバーシティ＆インクルージョン

WHAT IS?

◉イワシの群れや、仲間が飛び込むのをみて自分も飛び込むペンギンのように、生き物には群れの他の個体の様子をみて自分の行動を決める習性が多くみられます。社会的動物と呼ばれる人間ではその傾向はより顕著になり、多少の異論があってもときには明確な反対意見があっても、他の人の意見に流されてしまうのです。

◉和が重んじられる社会文化や組織の中では、この傾向はより顕著になります。それは決して心の弱さでもなく悪しき慣習でもありません。調和を重んじたいとする人の自然な心理ゆえなのです。

◉しかし、それが変化を阻むものとなるのは事実です。誤っていることを誤っていると言い出せなくさせることになってしまいます。私たちは生来、同調圧力を感じる生物であり、和が尊ばれるからこそ、それが強化されます。そのことを知ったうえで、異能、異論、変化を受け入れる姿勢が求められるのです。

CASE STUDY

NASA チャレンジャー号爆発事故

◉1986年、アメリカのスペースシャトル・チャレンジャーが打ち上げから73秒後に分解し7名の乗組員が全員死亡しました。

◉事故の根本原因はNASAの組織文化や意思決定過程にありました。NASAの幹部はすでに1977年の段階で機体に致命的な欠陥があることを知っていました。その後もたびたび、欠陥部位について小さな事故が起こっていたことも把握していたのです。また、当日朝の異常な低温が打ち上げに及ぼす危険についても技術者たちから警告を受けていました。

◉しかし、幹部の体面を重視したことで問題は握りつぶされました。誰もそれについて反対をすることもできませんでした。こうして通常通り発射することを、既定路線として進めたことで重大な事故となってしまったのです。

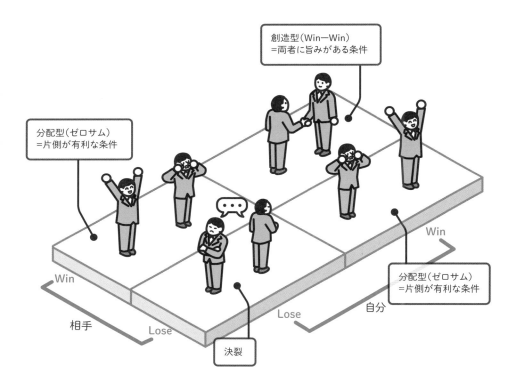

創造型（Win―Win）
=両者に旨みがある条件

分配型（ゼロサム）
=片側が有利な条件

分配型（ゼロサム）
=片側が有利な条件

Win

Win

Lose

Lose

相手

自分

決裂

CONCEPT

◉交渉の技術も理論化されている。そのうちの代表的なものがハーバードスタイルと呼ばれるもので、win-winの名前で知られる。双方にとってメリットのある着地を目指すべきだ、というもの。

◉どちらかが勝ち、どちらかが負けるスタイルでは長期的にみて双方に悪影響が出る。交渉では常にwin-winを目指すことが最善手とされる。

POINT

双方のトレードオフがどこにあるかを明確にし、解決できる方法を考えることに集中する。

関連ワード

◉トレードオフ
◉ディシジョンツリー
◉オープンイノベーション

WHAT IS?

◉交渉を前向きに着地させることはビジネスでも日常でもきわめて大切なスキルとなります。そのスキルの基本部分が「win-winを見つけること」です。相手の利益をしっかり確保することで、交渉相手である自分の立場が尊重・評価され、以後の交渉も容易になります。相手の利益を考えることで自分もしっかり利益を得ることができるようになるのです。

◉このとき、交渉は一回きりではないということが重要な前提となります。双方にメリットのある交渉結果が得られたならば、あなたと相手との関係は継続していくでしょう。こうして長期的な関係が継続されていくなかで双方はより大きな価値を獲得できます。関係の長期性とその中で交渉が繰り返されていくことを考えれば、win-winがもっとも価値の大きなものとなります。どちらかが損をする交渉では、相手との関係は継続されず大きな利益を取りこぼすことになります。

CASE STUDY

新大洲本田

◉コピーバイクを作っていた中国最大手・新大洲と、世界のバイクメーカーホンダの合弁企業。世界各国でトップシェアを得ていたホンダですが中国だけは地場のメーカーの前に苦戦していました。ディーラー網の整備や部品調達網の構築が非常に難しいこと、加えて地場のメーカーが想像以上によいものづくりをしている強力なライバルだったからです。

◉新大洲は中国地場でもトップの競争力をもつバイクメーカーでしたが、歴史的経緯から海外モデルの模造品を設計・製造していました。

◉ホンダと新大洲はここでwin-winとなる優れた交渉をまとめました。2社による合弁会社を作り双方の問題を解決したのです。本田は新大洲からディーラー網・部品調達網を手に入れました。新大洲はホンダからの訴訟を受けることなく、ホンダの設計するバイクを生産できるようになりました。この合弁は大きな成功を収め、新大洲本田は中国市場でトップシェアを獲得しました。

ロゴス・パトス・エトス

Logos, Pathos, Ethos

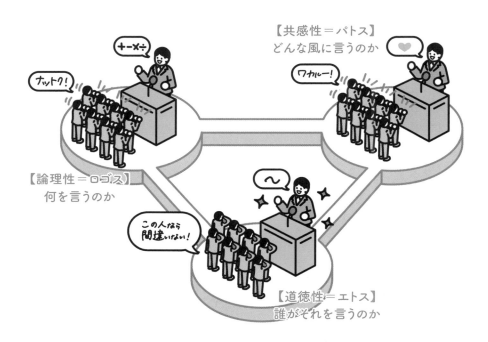

【共感性＝パトス】
どんな風に言うのか

ワカルー！

【論理性＝ロゴス】
何を言うのか

ナットク！

＋－×÷

この人なら
間違いない！

【道徳性＝エトス】
誰がそれを言うのか

CONCEPT

◉古代ギリシアの哲学者、アリストテレスが、相手に対して説得的な弁論を行うための方法として提示したもの。ロゴスとは論理性。パトスとは共感性。相手の共感を引き出す。エトスは道徳性。人格の正しさで、相手を信頼させる。

◉説得の3要素として知られるが、リーダーシップや交渉にも力を発揮する。論理性、共感性、道徳性を示すことは他社への働きかけの王道。

POINT

ロジックだけでは人は動かない。そして、日頃からの道徳性が生む信頼が説得に力を持たせる。

___

関連ワード

◉交渉術、win-win

◉リーダーシップ

◉ダイアログ

WHAT IS?

◉他人を説得したいなら、あるいは人々をよき方向に導きたいなら、弁論術を身に着けることも大切です。ただし、小手先のテクニックを身に付けても仕方がありません。あなた自身の人格こそが相手への最大の説得力となるのです。

◉そのような意味で、古来、ものごとを実現するために他者から協力を引き出すために大切とされてきたのがロゴス、パトス、エトスです。論理的に話せる、行動できる、もちろんこれらも大切ですが、同時に人々の共感を得られるように話す、行動することもまた大切なことです。そして何よりその背後にしっかりした倫理・道徳観を備え、人々から信頼される存在となることが、あなたの発言に説得力を持たせるのです。

◉実は最後の点こそが大切です。「何を言うかではなく誰が言うか」という言葉もありますが、日頃の行いやこれまでの実績が、あなたの言葉に力を与えるのです。正論が大切なのではなくそれを唱える人の誠実さ、真摯さ、日頃の行動こそが見られています。

CASE STUDY

キング牧師 "I have a dream"

◉現代につながる黒人人権運動の重要人物、キング牧師の言葉に力があるのもキング牧師がロゴス・パトス・エトスの3面で人々を導くに足る卓越性を見せたからです。

◉アメリカ各地で公民権運動が盛り上がりを見せる中、1963年、キング牧師たちは首都ワシントンでリンカーンの奴隷解放宣言から100年を記念する大集会を企画しました。リンカーン記念堂の前で行われた有名な "I Have a Dream"（私には夢がある）を含む演説を行い、人種差別の撤廃と各人種の協和という高邁な理想を簡潔な文体で訴え、広く共感を呼びました。

◉「…私には夢がある。それは、いつの日か、この国が立ち上がり、「すべての人間は平等に作られている。それは自明の真実だ」というこの国の信条を、真の意味で実現させるという夢である。私には夢がある。それは、いつの日か、ジョージア州の赤土の丘で、かつての奴隷の息子たちと、かつての奴隷所有者の息子たちが、兄弟として同じテーブルにつくという夢である。…」

8章

時事

ABOUT

ビジネスの現場は常に変化し続けています。新技術の導入はもはや必須となり、テック企業のスピード感に続くにはアップデートが必要です。DXに始まりAI、NFT、ESGなど、あなたは正しく理解し、ビジネスに応用できるでしょうか？

chapter **8**

Current Events

ブロックチェーン

電子取引の基本！

8-01 人工知能・AI

Artificial Intelligence

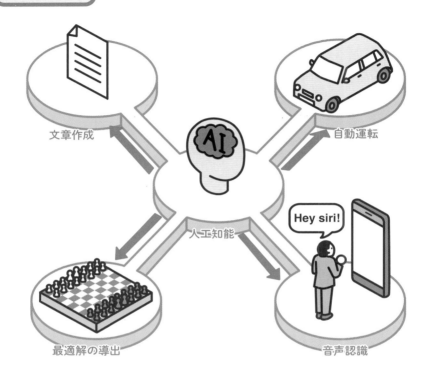

文章作成

自動運転

AI

人工知能

Hey siri!

最適解の導出

音声認識

CONCEPT

◉強いAIとは、自我があり、自分で考え、行動する存在。ドラえもんやアトム。
◉現在、社会に普及しているのは弱いAI。情報をインプットすると、それに対して答えを出してくれるもの。
◉コンピュータの処理能力と、莫大なデータ（ビッグデータ）が利用可能になったこと、そしてデータの学習に関する技術革新が進み、実現可能になった。

POINT

現代はAIを引き金とした第4次産業革命期にある。

関連ワード

◉1to1マーケティング
◉DX

WHAT IS?

●第4次産業革命を引き起こしている、現代産業社会の変化を特徴づける最重要技術です。これまでの産業革命では作業の機械化、動力の機械化、操作制御の機械化が起こりました。そして今、思考の機械化が起ころうとしています。それをけん引するのがAIです。

●ただし現在のAIは自我をもっていません。「与えられた情報を素早く、凄まじい精度で判定するだけ」の技術です。しかし、ただそれだけのシンプルな技術であるがゆえに応用範囲が広いのです。音声データも、画像データも、文章データも、数値データも、どんなデータであろうとそれが何を意味しているのかを判定し、次にとるべき行動をはじきだしてくれるのです。

● AIにより機械は自律して行動をすることが可能になろうとしています。繰り返される単純労働はブルーカラーのみならずホワイトカラー労働でもAIに代替されるとみられています。人の仕事は、人間味を必要とするものや、過去の事例が活きない繰り返しのないものが中心となると予想されています。

●現在の技術進歩では、AIが自我をもつのも遠くない未来とみられています。これから何が起こるのか、AIからは引き続き目が離せません。

CASE STUDY

将棋ソフト「Bonanza」

●将棋については「駒の動かし方を知っている程度」という、まさしく素人であった化学者・保木邦仁氏が、AIの技術を用いて作成、2005年に公開しました。

●従来の将棋ソフトが「こういう局面ではこういう打ち方が正しい」という人間判断での正しい打ち手を教える仕組みであったのに対し、Bonanzaは6万局の棋譜について細かい打ち方は教えず機械に「より有利な状況にすること」だけをルールとして学習させました。

●公開されたソフトはプロ棋士たちを次々と打ち破っていきました。アップデートが施されたVer2.0で2006年に第16回世界コンピュータ将棋選手権大会に初出場。一般のノートパソコンで動くソフトでありながら高性能なワークステーションに搭載された将棋ソフトたちを打ち破り優勝しています。機械が自ら学ぶことで、複雑なプログラムを組むよりも高い精度で、かつ安価で軽いシステムにできるAIというものの可能性を知らしめた先駆的事例となりました。

デジタル・トランスフォーメーション（DX）

Digital Transformation

ビフォア・デジタル
リアルが事業の中心
デジタルはそこに付随するもの

今日も勝ったぞ！

リアル

デジタル

リアル

デジタル

アフター・デジタル
デジタルが事業の中心
リアルは構成する一部になる

CONCEPT

◉デジタル技術の革新により、ビジネスや社会の基盤がデジタル空間になること。

◉デジタル空間上に私たちの生活やコミュニケーションを再現しようとしたものをメタバースという。

◉かつてはデジタルは、リアルの付随物であった。今日は、デジタルがリアルを包摂し、リアルがデジタル空間の構成要素のひとつになろうとしている。

POINT

生活、事業、生産、物流、販売・マーケティングと様々な領域でDXが起こっている。

関連ワード

◉AI

◉ブロックチェーン

◉オムニチャネル

WHAT IS?

◉気がつけば私たちの生活は大半がデジタルになっています。仕事はすべてコンピュータとネットワークで行うようになっているし、移動時間もあなたは SNS の中や動画サイトの中にいるのではないでしょうか。その中では生身の人間が喋ったり、スポーツをしたり、演技をしたり、講義をしたりしているかもしれませんが、あなたがそれを受け取るのはすべてデジタル空間の中です。これがアフターデジタルの考え方です。

◉よくよく考えてほしいのですが、いま生活の大半がデジタルになる中で、果たしてどれだけのサービスが、日本企業によって提供されているでしょうか。デジタル空間に占める日本企業の割合は著しく小さいといわざるを得ません。そのような意味で日本企業・日本社会の DX は待ったなしなのです。

◉すべてがデジタルになるからこそ、価値を生み出せるのはリアルである、というのもまた事実です。究極的には人が行うパフォーマンスにこそ価値があります。リアルとデジタルのこの関係に注視し、リアルで何をするか、デジタル空間には何を持ち込むかを考え、事業戦略に落とし込む必要があります。

CASE STUDY

スタディサプリ

◉リクルートの新規事業創出プログラムから生まれた中学生・高校生向けの学習講座をインターネットで安価に提供するサービス。

◉中高生の教育リソースはもっぱら都市圏に集中しています。予備校も、進学校も東京ならばいくらでもあり、進学情報も簡単に手に入りますが、地方では手そうした教育資源は乏しいものです。こうした教育インフラ格差を埋めるものとして企画されたのがスタディサプリです。都内の有名予備校の講義を、デジタルの力を使ってフラットに、安価に全国の学生に届けます。技術を用いた社会課題の解決、格差是正という典型的・理想的な社会の DX の例だといえます。

◉講義自体は予備校講師が行うという点も重要です。リアルで実施された講義をデジタル空間を通じて、異なる時と場所で享受できるのです。まさにデジタルがリアルを包摂したアフターデジタルのかたちです。

ブロックチェーン
Block-Chain

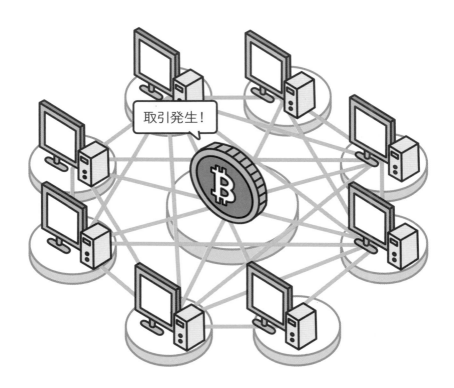

CONCEPT

◉ある取引を、複数のコンピュータで取引発生と同時に記録することで、データの改ざんを著しく困難にする技術。
◉オンラインでの金銭取引の基盤技術となっている。
◉暗号通貨や、NFTのための基盤であり、今後のデジタル空間のインフラ技術と目されるが、消費電力の多さが課題となる。

POINT

ビットコインなど暗号資産は、この技術をもとにつくられている。

関連ワード

◉NFT
◉DX
◉SCM

WHAT IS?

◉インターネット上で同じタイミングに、複数のランダムなコンピュータによってある取引が行われたことを記録する技術です。技術原理自体はさほど複雑なものではありませんが、このアイデアによってインターネット空間での商取引の信頼性が急激に高まりました。今日のインターネットを介した取引の背後には、ほぼこの技術（ないしはその派生形）が使われているといっても過言ではありません。現代のインターネットビジネスのインフラであるといえます。

◉この技術の登場は社会に新しい可能性を開きました。民間団体が発行する暗号通貨です。通貨はこれまでその価値を国が保証していました。しかし、国の信頼がなくなれば通貨はただの紙切れになってしまいます。また、国によって自由に操作されてしまうという弱点も備えていました。

◉国の支配から経済取引を自由にするためにブロックチェーン技術で信頼性を担保し、インターネット上に民主的な通貨をつくろうというプロジェクトがビットコインです。ビットコインの一定の成功を受けて、現在では多数の暗号資産が登場しています。今後、こうした暗号資産が通貨としての役割を果たせるのか注目が集まっています。

CASE STUDY

ビットコイン

◉サトシ・ナカモトを名乗る匿名の人物が創始。ブロックチェーン技術の最初期の応用例にして最も商業的・社会的に成功したプロジェクトです。

◉従来、貨幣の信用は政府によって与えられていました。政府がその価値を保証するから流通するのです。それはつまり、政府によって貨幣が操作され人々が不利益を被るリスクや、国が不安定になることで貨幣もまた信用をなくすリスクがあるということでもあります。ビットコインはそうした国の影響を排し真に民主的な貨幣を創造すべく、ブロックチェーンという技術によって信用を生み出そうとしたプロジェクトです。

◉ただし、ブロックチェーン技術の弱点として、莫大な計算処理を必要とすることがビットコインでも重要な課題となっています。誰かがその莫大な計算処理をしなければ貨幣として機能しないのです。現在はその計算処理に対して報酬が支払われる仕組みとなっており（これをマイニングといいます）、マイニング業者がノーリスクで稼げてしまうことが仕組み上の課題となっています。

8-04 NFT

Non-Fungible Token

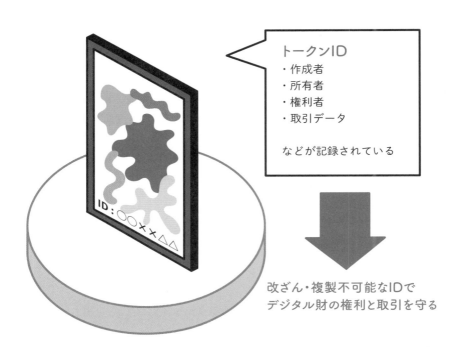

トークンID
・作成者
・所有者
・権利者
・取引データ

などが記録されている

改ざん・複製不可能なIDで
デジタル財の権利と取引を守る

CONCEPT

◉非代替性トークン。デジタル財に付けられる固有IDのこと。

◉ブロックチェーン技術を使い、IDの複製を著しく困難にすることで、デジタル財の所有権を明確にできる。

◉リアル空間であれば「誰のものであるか」は明確であった。それをデジタル空間でも可能にするという意味で、デジタル上でもリアルと同様の財取引を可能にした画期的技術。

POINT

何にどう応用するかの競争が起こっている。

関連ワード

◉ブロックチェーン
◉DX
◉フリーミアム0

WHAT IS?

◉ブロックチェーンが生み出したもう1つの応用型が、NFTです。インターネット空間上の商取引が完全に技術的に保証されるなら、これまで不可能だったデジタル財の所有権を明確にすることが可能になります。

◉これまでインターネット上では容易に複製をすることが可能でした。どれだけ複雑なコピーコントロールを行うとも、それが破られればいくらでも勝手に複製することができてしまいます。そのため、デジタル財の生産者は、対価を得ることが著しく困難になってしまいます。事実、ミュージシャンやイラストレーターはデジタル空間での複製で経済的打撃を受けています。

◉しかし、NFTを用いればデータの所有権が、いま誰にあるのかを厳密に管理できます。その人が望めばネット空間上でそのデジタルデータの流通も止められます。もちろん、自由な複製を許可することもできます。リアル空間であれば当たり前であった「これは●●さんの持ち物」をインターネット上で実現せしめた画期的技術なのです。

◉デジタル空間で一品ものを作るアーティストや、希少性をもつデータのビジネスなどと相性がよく、デジタル絵画や貴重な瞬間をとらえた映像などが該当します。

CASE STUDY

NBA Top shot

◉現時点でもっとも成功しているNFT事業のひとつ。2020年スタート。アメリカのプロバスケットボールNBAのプレーシーンのハイライトを切り取ったデータがカードとして販売されています。カードの数量はそれぞれに決められており、レアカードは数千万円で取引されています。

◉これまでであれば、NBAスタープレーヤーのプレーシーンはウェブに出回ればいくらでも複製できてしまうため、その価値を担保することができませんでした。しかし今後は、ウェブ上に出回る画像にトークンIDを付けることで、所有権者がデータの流通を制御できるのです。

◉リアル空間では当たり前に行われる「カードを所有する」ということや、「売買する」ということ。この当たり前のことが、ようやくインターネットでも実現できるようになったのです。NBA Top Shotはすでに売買総額1000億円を超えており、新時代の幕開けを告げるものとなっています。

現代貨幣理論

Modern Monetary Theory

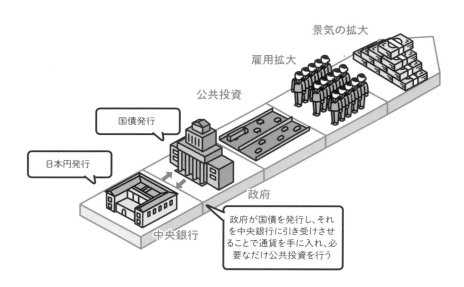

景気の拡大

雇用拡大

公共投資

国債発行

日本円発行

政府

中央銀行

政府が国債を発行し、それを中央銀行に引き受けさせることで通貨を手に入れ、必要なだけ公共投資を行う

CONCEPT

◉通貨発行権が国にある、という事実を重視する、貨幣と国家財政に関する理論。

◉通貨供給を増やせば、仕事を増やすことができ、雇用を産める。そのため、景気刺激には通貨発行が有効となる。

◉かつては通貨を多量に発行すれば、通貨が紙くず同然となると考えられたが、国内経済が確立されており、政府が通貨発行量を制御しているなら、通貨が価値を失うことは考えにくい、とする考え方。

POINT

日本の財政政策は事実上の現代貨幣理論に沿ったものとなっている。

関連ワード

◉資金調達

◉ベンチャーキャピタル

◉VUCA

WHAT IS?

◉通貨を発行しているのは中央銀行であり、中央銀行は政府とは独立の存在として、通貨の供給量を制御し国民生活を安定化させる責務を負っています。また、国がその活動資金を税金以外のかたちで手に入れようと思えば、国民からお金を借りるため国債を発行します。すなわち、国債とは借金です。これが、従来の中央銀行と政府に対する考え方です。

◉これに対し現代貨幣理論では、通貨の発行権を与えているのは（通貨の存在の法的根拠は）政府にあるのだから、通貨供給量の決定権は国にこそあるとします。このとき、国は通貨そのものを発行するのではなく、国債を発行します。国債は「将来のある時点で通貨との交換を約束するもの」ですから、実質的に発行された通貨に等しいと考えるのです。この国債を中央銀行に引き受けさせることで国は通貨を手に入れます。

◉こうして手に入れた通貨で公共投資を行うなどして経済を活性化することで、国の経済を立て直せます。これが現代貨幣理論の考え方です。必要なだけ国債を発行して、必要なだけ国内に通貨を配布する。通貨量がダブついたら、税で引き上げる。そうして通貨量を国がコントロールすべき、という理論なのです。

CASE STUDY

日本の財政

◉世界を見渡したとき、実質的に MMT の実証実験現場となって（しまって）いるのが日本の財政です。

◉日本の国債発行残高が 2022 年には 1000 兆円を超えることはよく知られています。国家予算が約 100 兆円ですから一朝一夕に返せる額ではないことは誰もがわかることであり、財政破綻したギリシャよりも、「返済」としてみればはるかに厳しい状態です。

◉にもかかわらず、日本政府の財政が破綻とみなされないのは、実質的に日本の国債が「将来、円と交換を約束する証書」すなわち、実質的な円の同等物と見なされているからです。政府が国債というかたちをとって、自ら円を発行しているにすぎないのだ、とみられているのです。

◉ MMT として国家財政が運用できているともいえますが、MMT 的運用でよいのかどうかの国内での議論を待たずして、実質的にそうなってしまっているということに、大きな課題があります。

クラウドファンディング

Crowdfunding

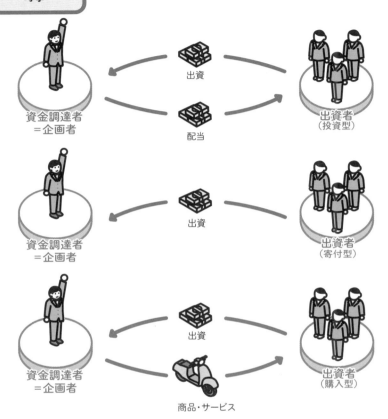

CONCEPT

●大衆（クラウド）による資金調達（ファンディング）。主にオンライン上のプラットフォームにおいて、資金調達を行いたい企画者と、資金提供をしたい人々をマッチングさせ、資金調達を実現する。

●株式投資型、製品購入型、寄付型の3種類がある。

POINT

クラウドファンディングでは説得性・共感性・道徳性が特に成否に大きく影響している。

関連ワード

●プラットフォーム戦略
●ロゴス・パトス・エトス
●ESG

WHAT IS?

◉「クラウド」という言葉をよく聞きますが、実は2種類あることをまず知っておきましょう。クラウドファンディングや、クラウドソーシングは「Crowd」です。「大衆の」という意味で、インターネット上のプラットフォームサービスを使って従来では一部の人に閉ざされていた領域を、一般人が自由に参加できるようにするものです。クラウドファンディングはその典型例で、今では日本でも数百億円がクラウドファンディングで動いています。

◉もうひとつのクラウドは、「Cloud」。原義は「雲」の意味です。こちらはクラウドコンピューティングのことを指し、物理的なノートPCなどにダウンロードせず、インターネット上に置かれたままの状態でソフトウェア・サービスを使うものです。AWS（アマゾン・ウェブ・サービス）や、ドロップボックスが有名です。クラウド会計システムも、こちらのクラウドの意味です。

◉クラウドファンディングの「クラウド」は前者「Crowd」のほう。従来では、投資家からでは資金が集めにくかったものごとでも、大衆からお金を集められるようにした仕組みです。寄付に近いようなものから、株式出資型まで、幅広く人々の資金需要と資金提供意欲とを結びつけています。

CASE STUDY

Ready for

◉社会課題の解決を人々から提供してもらったお金で実現しようとする、社会性の強いクラウドファンディング。女性起業家、米良はるか氏によって2011年にスタートし2020年までに100億円以上がこのサービスを通じて資金提供されました。

◉寄付に近い性質ですが、必ずリターンが設定され、クラファン企画者と支援者との間で関係構築が図られていることも注目されます。お金だけでなく、心の部分でのつながりも大切にするのがクラウドファンディングなのです。地域社会の課題、難病、災害復興、伝統維持などの分野で力を発揮しています。

◉日本ではこのほか、ものづくりに強いMakuakeや、エンタメ・コンテンツに強いCampfire、ベンチャーへの株式投資ができるFundinnoなど、用途に応じたクラファンが充実しています。

8-07 ESG

時事

Environment, Social, Governance

【E】nvironment 　　　【S】ocial 　　　【G】overnance

【環境】
・地球温暖化対策
・エネルギー使用量の削減
・CO2 削減

【社会】
・ダイバーシティ
・女性の社会進出支援
・ワークライフバランス

【統治】
・取締役の構成
・倫理規定
・ステークホルダーへの責任

CONCEPT

◉ESGとは、環境（Environment）、社会（Social）、ガバナンス（Governance）の頭文字をとった言葉。
◉持続可能な世界を保つうえで、企業が配慮しなければならないことをまとめたワード。
◉ESGを無視していると、投資や融資を受けにくくなるだけでなく、顧客離れも招く。

POINT

企業は従業員、金融機関や投資家、消費者、取引先からESGの観点を通じてチェックされている。

関連ワード

◉三方良し
◉ガバナンス
◉資金調達

WHAT IS?

◉現代社会では、「なるべくなら世の中にとっていいこと」のためにこそ、人々が行動したいと思うようになっています。どうせ働くなら善いことを、どうせお金を出すなら善いことに、と考える人が増えているのです。

◉こうして世界ではいま、善きこと「ESG」のためにお金が流れるようになっています。ESG のための投資残高は 2020 年に 35 兆 3010 億ドルに達しており、日本でも 2 兆8740 億ドルが運用されています。

◉急激な勢いで ESG へとお金が集まっています。素直に受け止めれば、これからの時代は ESG に準拠していくことでこそ、資金調達ができるということです。また、人材も ESG を基準に集まる傾向があるようです。なるべくなら社会や自然にとってよい働き方をしたいのは自然なことです。ただし ESG という言葉を悪用することも可能であるため、一件一件の投資は、よくよくその案件そのものを見極めて行われるべきでしょう。

CASE STUDY

食べチョク

◉一次産業を支援するベンチャー。生産者から顧客へ直接に食材が届く仕組みです。女性起業家・秋元里奈氏が 2016 年に創業。2022 年 5 月時点で登録生産者数は 7200 軒、ユーザー数は 65 万人を突破しています。

◉ここで注目したいのは、食べチョクが資金調達を受けながら成長してこられたことです。2018 年にシード投資として 4000 万円、2019 年に 2 億円、2020 年 6 億円、そして 2022 年には 11 億円と、企業の成長を先導するように、金融機関から資金調達を受けて、事業を拡大しています。

◉原点にあるのはもちろん、食べチョクのビジネスモデルや、経営チームが有望であるということです。一方で、こうした社会や環境への配慮のある事業に資金が集まるようになっていることもまた、この事例から感じ取ることができるのです。

8-08 アテンションエコノミー

Attention Economy

CONCEPT

◉IT化に伴い情報が溢れた今日において、人々の「関心や注目の獲得（アテンションの獲得）」が経済価値をもち、貨幣のような貴重な資源となった。

◉多くのオンラインサービスのビジネスモデルが、サービスをユーザーに無料提供しながら、私たちの注意（Attention）を得ることで広告収入を得るビジネスモデルをとった。その結果、人々の「注目（Attention）」が、貨幣のように価値を持つ。

POINT

バズることが価値をもつ。SNSやYouTubeで配信者が炎上しがちなのもこのため。

関連ワード

◉限定された合理性
◉DX
◉バイアス

WHAT IS?

◉ 人類の織りなす社会でもっとも希少な資源は、私たちの意識です。一人一人、使える時間はせいぜい1日の中で十数時間と決まっており、そのうちの何割かを日常生活に、何割かを仕事に、何割かを余暇に、と割り振って生きています。

◉ この希少なる私たちの意識の、果たしてどれだけの割合を専有できるか、という競争がいま経済界では起こっています。典型的な例としてはエンターテインメント業界です。他人より目立つこと、人々の話題の中心にいること。そうして私たちの意識の中に居続ければ、それだけお金が流れてくるのです。

◉ YouTuber が過激になるのも、TikToker がセクシーに踊るのも、インフルエンサーが物欲にまみれた写真をアップするのも、ご意見番タレントが逆張りするのも、芸能ウラ話の暴露も、すべてアテンションを得たいがためといえます。アテンションはそれほどに現代経済で大きなインパクトをもちますが、それゆえに社会問題の引き金となることも多いのです。

CASE STUDY

BTS

◉ アテンションエコノミーの重要さやその構造をもっともよく分析・理解し、活用したのが K-POP です。オンライン空間上で「目立つ」「バズる」ことの重要性にいち早く気づき江南スタイルの Psy などのヒットを仕掛けてきました。

◉ そうした取り組みでもっとも成功したのが BTS。もちろん当人たちのタレント性の高さや、楽曲、ダンスのクオリティの高さがあってこそですが、2022年の活動停止前にリーダーの RM が発した言葉が K-POP の仕組みの過酷さを物語っています。「私たちがどんなチームなのかよくわからなくなっていた。〜中略〜 K-POP アイドルシステム自体が、私たちを放っておかない。何かをつくり続けなければならないし、やらなければならない」

◉ RM の言葉は、アテンションエコノミーの光と影をよく表しています。活用することで大きな成功を得られるけれども、話題の中心に居続けなければならない辛さ、自分のやりたくないこともまでも、やり続けなければならない辛さが、彼の言葉から垣間見られます。

行動経済学、ナッジ
Behavioral Economics and Nudge

CONCEPT

◉行動経済学とは、人間がかならずしも合理的には行動しないことを考慮しながら、経済の仕組みや経済活動の仕組みを明らかにした学問。

◉ナッジとは、行動科学の知見から、望ましい行動をとれるよう人を後押しするアプローチのこと。

◉ナッジは、母ゾウが子ゾウを鼻でやさしく押し動かす様子にたとえられる。

POINT

金銭や罰を用いずに、仕組みによって自発性を促す。

関連ワード

◉限定された合理性
◉バイアス
◉プロスペクト理論

WHAT IS?

◉経済学では人は合理的に行動するという前提を置いてきましたが、現実に生きる私たちはそう合理的には行動できません。人間のその限定された合理性に立脚して、私たちの思考のクセを踏まえて経済の真の実態に迫っていこうというのが行動経済学です。シンプルに表現すれば心理学を活用した経済学のことです。

◉行動経済学を応用して人々の行動をよい方向に導いていこうとするのが「ナッジ」です。ナッジとは、小突く、ひじでつつく、といった意味であり、強く押す・引っ張るのではなく、軽く促してあげるという意味です。ゴミ箱にバスケットボールゴールが描かれていれば入れたくなるし、階段に消費カロリーが書いてあれば歩いて上りたくなるはずです。臓器提供を「したくない人はチェックを入れてください」とすれば、大半の人はチェックを入れません。

◉なお、ここで「経済」という言葉の意味も知っておきましょう。経済とは、経世済民（けいせいさいみん）の略です。世をおさめ、民をすくう、と読みます。世の中の仕組みを変えて、人々を幸福にすることが、経済の目的なのです。

CASE STUDY

森永乳業の社員食堂

◉健康に配慮した社員食堂はとても大切です。森永乳業は、社員食堂のスタートにまず「サラダバー」をセットしています。無料であり、いくらでも取り放題、しかも一番手前に置いてあることもあり社員はまず多量にサラダをとります。その後に定食メニューを選ぶのです。

◉もちろん、サラダバーの料金は社員食堂の料金に含められています。けれど無料で取り放題とアピールされれば、たくさん取りたいのは人間の心理として自然なことです。こうした人の行動・心理の特性をよく利用して、社員にたくさんの野菜を食べてもらうことに成功しています。

◉近年ではこうした社員食堂の行動デザインは積極的に行われるようになっており、タニタ、Google、大学の学食などでも採用が進んでいます。

8-10 VUCA

時事

Volatility, Uncertainty, Complexity, Ambiguity

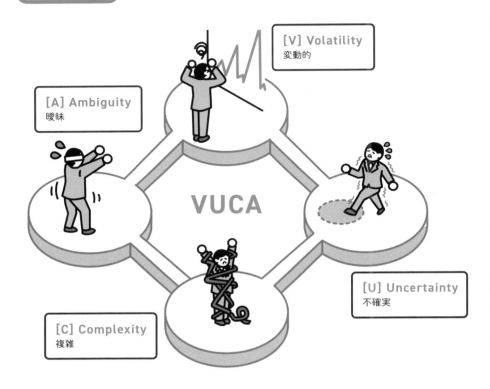

[V] Volatility
変動的

[A] Ambiguity
曖昧

VUCA

[U] Uncertainty
不確実

[C] Complexity
複雑

CONCEPT

● VUCAとは変動性が高く（Volatility）、不確実（Uncertainty）で複雑（Complexity）、さらに曖昧さ（Ambiguity）を含んだ社会情勢を示す。

● 発音は定説がないが「ブーカ」が主流か

● VUCA時代のマネジメントは、唯一の正解を見つけるものではなく、試行を続けながらよりよい選択肢を探す。

POINT

企業はVUCA時代に順応できる、変化に強く柔軟性の高い組織づくりが必要となる。

関連ワード

● PEST分析

● エフェクチュエーション

● 限定された合理性

WHAT IS?

◉この社会の見方の前提を以下のどちらと捉えるでしょうか。社会における大半のものごとは、予測可能で自分でコントロール可能とみるでしょうか。それとも、大半は予測不能で自分の力ではコントロールできないことばかりとみるでしょうか。

◉この前提部分が大きく変わってきているのが現代である、とみる人もいます。VUCA の時代になり私たちの生活は日々変転を続けるのだ、とみるべきだ、という考えです。事実、「100 年に 1 度」と呼ばれたリーマンショック、大震災、感染症と、私たちの社会は休まるところを知らず、変化をし続けています。

◉そんな中では、安定したレールの上を確実に歩いていこう、とするほうが難しくなります。変転にこそ備え、柔軟な姿勢、しなやかな心の持ちよう、新しいことを学ぶ意欲、乗り越えていく意識が大切になってくるのです。

CASE STUDY

安藤百福

◉ 1910 年生まれ。戦前はまず台湾で起業。しかし戦争中にいわれのない理由で事業をたたまざるを得なくなります。戦後も最初の事業が脱税として取り締まられ、1950 年代には理事を引き受けた銀行が破綻してしまいました。

◉かくして、何度も無一文になりながら 1957 年、47 歳で日清を創業。インスタントラーメン、その後はカップヌードルを発明し日本を代表する起業家となりました。

◉何でもやってみる、何度でも立ち上がる、あきらめないその姿勢こそが新しい事業機会の発見につながったり、人々の支援にもつながりました。私たちはこの不確実な時代の中で、安藤百福のあきらめずに挑戦し続ける姿勢にこそ学ぶべきかもしれません。

「ザックリわかる」「だいたいできる」あなたのビジネス

「腹落ちする」という表現が、近年、ビジネス界ではよく使われるようになりました。

ただ、概念として理解しているだけでなく、それがいかに大切なことなのか、実感として納得している、という状態を指すことばです。

この腹落ちという言葉は、現代のビジネスパーソンに何が求められているのかを表す、よいキーワードです。

かつては概念の詰め込み、暗記型学習が中心でありましたが、近年は、知っているだけでは不十分だという認識が人々に広がり、もう少し深く「わかる」ことの大切さが強調される中から、腹落ちするという言葉がよく使われるようになってきているのだと思います。

なお、「わかる」の先には、実践のなかで「できる」ようになることが、求められます。

本書は「ザックリと用語を理解する」という体裁のなかでも、なるべく皆

が
になったとき、
が変わりはじめる

さんに、腹落ちしてもらえるように作成してみたつもりです。

表面的な用語解説ではなく、どう使うのか、なぜこの概念が大切なのかを解説し、事例を通じて実感を得てもらうところまでを狙ってみました。

本書で、私の狙いがどこまで実現できたのか…は、皆さんのご評価を待ちたいですが、願わくば、皆さんにおかれましては、言葉を学ぶとき、「知っている」ではなく「わかる」「できる」をこそ目指すつもりで、よく吟味をしてもらえたらと思います。

なるほど、だからこの概念が大切なのだな、自分の現場でどう実践に活かせばよいのかな…そのように言葉を学んだときにこそ、あなたの学習は、楽しく、かつ、有意義なものになることでしょう。

中川功一

索引

Final Chapter

Index

［ザックリ経営学 索引］

［著者略歴］
中川功一（なかがわ・こういち）

経営学者／YouTuber。経済学博士（2009年、東京大学）。やさしいビジネススクール学長。大阪大学大学院経済学研究科准教授を経て独立。「アカデミーの力を社会に」をモットーに、すべての人が経営学に触れられる社会をつくるために奔走中。YouTube「中川先生のやさしいビジネス研究」は国内初＆最大のチャンネル登録者数を誇る経営学YouTubeチャンネル。アカデミアに所属する研究者としても、国内外の主要雑誌に論文発表。

ザックリ経営学
けい えい がく

2023年5月21日　　初版発行

著　者　　　中川功一

発行者　　　小早川幸一郎

発　行　　　株式会社クロスメディア・パブリッシング
　　　　　　〒151-0051 東京都渋谷区千駄ヶ谷4-20-3 東栄神宮外苑ビル
　　　　　　https://www.cm-publishing.co.jp
　　　　　　◎本の内容に関するお問い合わせ先：TEL（03）5413-3140／FAX（03）5413-3141

発　売　　　株式会社インプレス
　　　　　　〒101-0051 東京都千代田区神田神保町一丁目105番地
　　　　　　◎乱丁本・落丁本などのお問い合わせ先：FAX（03）6837-5023
　　　　　　service@impress.co.jp
　　　　　　※古書店で購入されたものについてはお取り替えできません

印刷・製本　　株式会社シナノ